Les parcours de L'ORIENTATION

96 PAGES D'ACTIVITÉS
pour vous accompagner
dans votre projet d'orientation

Sous la direction de

Nadine Mouchet, auteure-entrepreneure,
conceptrice d'activités pédagogiques autour de l'orientation

Catherine de Coppet, journaliste éducation/sciences/histoire
(France Culture)

Bénédicte Doukhan, professeure documentaliste,
lycée Albert Camus de Bois-Colombes (92)

Chers accompagnateurs, chères accompagnatrices,

Vous êtes parent, professeur.e, éducateur.rice, bénévole… et votre mission est d'être au service de tous les jeunes qui se construisent une éducation, une personnalité, un avenir.

Chacun tient un rôle essentiel : les enseignants ouvrent aux élèves les portes du savoir, les parents leur montrent le chemin de la vie, tandis que les éducateurs et les bénévoles accomplissent un travail formidable de soutien auprès de jeunes qui ont parfois du mal à se réaliser et à trouver leur place. Tous font partie de cette grande communauté éducative dont le seul souci est d'accompagner les jeunes vers l'accomplissement de ce qu'ils souhaitent être et devenir. L'orientation représente par excellence cette triangulaire au service du jeune.

La réforme du lycée place l'orientation et le choix de son parcours d'études au cœur de la vie lycéenne. L'orientation devient l'affaire de tous. On parle désormais d'accompagnement et d'éducation à l'orientation. Parents, professeurs et éducateurs vont tenter ensemble de soutenir l'élève tout au long de la construction de son projet, en l'aidant à mieux se connaître, à découvrir des domaines professionnels, des métiers, et des formations qui l'aideront à mener à bien son projet de vie professionnelle.

Pour y parvenir, certaines valeurs nous semblent indispensables :
- de la **bienveillance** et un regard positif posé sur le projet de chaque élève ;
- de l'**écoute** et du **dialogue** qui sont les prérequis indispensables pour que l'élève puisse construire et affirmer son projet d'orientation en se sentant écouté et accueilli dans sa singularité ;
- du **soutien** et de l'**entraide**, entre les membres de la communauté éducative tout d'abord, mais aussi entre les élèves.

Nous sommes en effet convaincues que l'orientation ne doit pas être uniquement l'affaire de chacun et de chacune. Une orientation réussie est une orientation partagée et racontée à voix haute entre les élèves d'une classe, à l'intérieur d'un groupe, qu'il soit familial ou amical, professionnel ou scolaire. Soyons plus que jamais solidaires de ces jeunes qui cherchent leur place dans notre société et qui vont répondre par leur projet aux nouveaux défis de ce monde.

Les auteures

Édition : Doriane Giuili
Création de maquette, mise en page, pictogrammes : Hung Ho Thanh
Iconographie : Hatier Illustration
Infographie : Vincent Landrin
Illustration : Fabrice Erre (couverture, p. 5, 11, 21, 39, 55, 75) ; Klutt (p. 6-7, 16-17, 77)

ISBN : 9782401058101

Sommaire

Qu'est-ce que L'ORIENTATION ?

Un savoir ? Une compétence ? Une quête ? Un défi ? « Pô facile » répondrait Titeuf de savoir ce que l'on veut faire plus tard et de répondre aux questions telles que « Quel métier souhaitez-vous exercer plus tard ? », « Quels sont vos centres d'intérêt ? », « Quelles études ou formations aimeriez-vous suivre ? ». L'orientation, cela n'a rien d'évident. Il y a celles et ceux qui savent d'emblée ce qu'ils souhaitent faire, parce qu'ils ont une passion ou une idée bien arrêtée. Et il y a l'immense majorité des élèves qui hésitent et se posent beacoup de questions.

L'orientation mérite d'y consacrer un peu de temps : du temps pour vous, pour mieux vous connaître, savoir ce qui est important pour vous et ce que vous voulez, et un temps au service de la découverte du monde professionnel, des métiers et des formations qui y mènent. Ce monde est très vaste. Aussi faudra-t-il apprendre à vous y repérer. Il vous faudra trier, classer et hiérarchiser l'information. Heureusement, vous ne serez pas seul.e. Ce cahier est là pour vous montrer comment vous organiser, où aller chercher l'information et auprès de qui. Nous vous donnerons des repères et des outils pour guider, éclairer et accompagner vos choix.

Cette méthode d'éducation à l'orientation passe par 3 grandes découvertes :

1. **la découverte du monde professionnel et de la diversité des métiers ;**
2. **la découverte des formations du lycée vers l'enseignement supérieur ;**
3. **la connaissance de soi et le développement de compétences indispensables pour apprendre à s'orienter tout au long de la vie.**

Nous aimerions que l'orientation soit pour vous une source de plaisir, un plaisir lié aux échanges que vous aurez à l'intérieur de votre classe, avec votre entourage proche, mais aussi avec tous les professionnels et les étudiants que vous rencontrerez pour nourrir et préciser votre projet.

Tout au long de votre cahier vous trouverez des PICTOS pour vous guider dans le type d'activités à mettre en place pour réfléchir à votre orientation. Vous pourrez :

- Réfléchir seul.e à la question qui vous est posée. 

- Partager à voix haute vos réflexions avec un binôme. 

- Travailler, échanger et débatte en petits groupes, pour vous soutenir dans vos recherches, aller plus loin et plus vite, et vous enrichir des remarques des autres. 

- Utiliser les sites pour répondre aux questions et compléter vos recherches.

Doc+
Définitions
hatier-clic.fr/ori00

- Prolonger les exercices, avec des activités numériques.

Site web
ONISEP
hatier-clic.fr/ori00

VOTRE PARCOURS D'ORIENTATION

de la Seconde à la Terminale

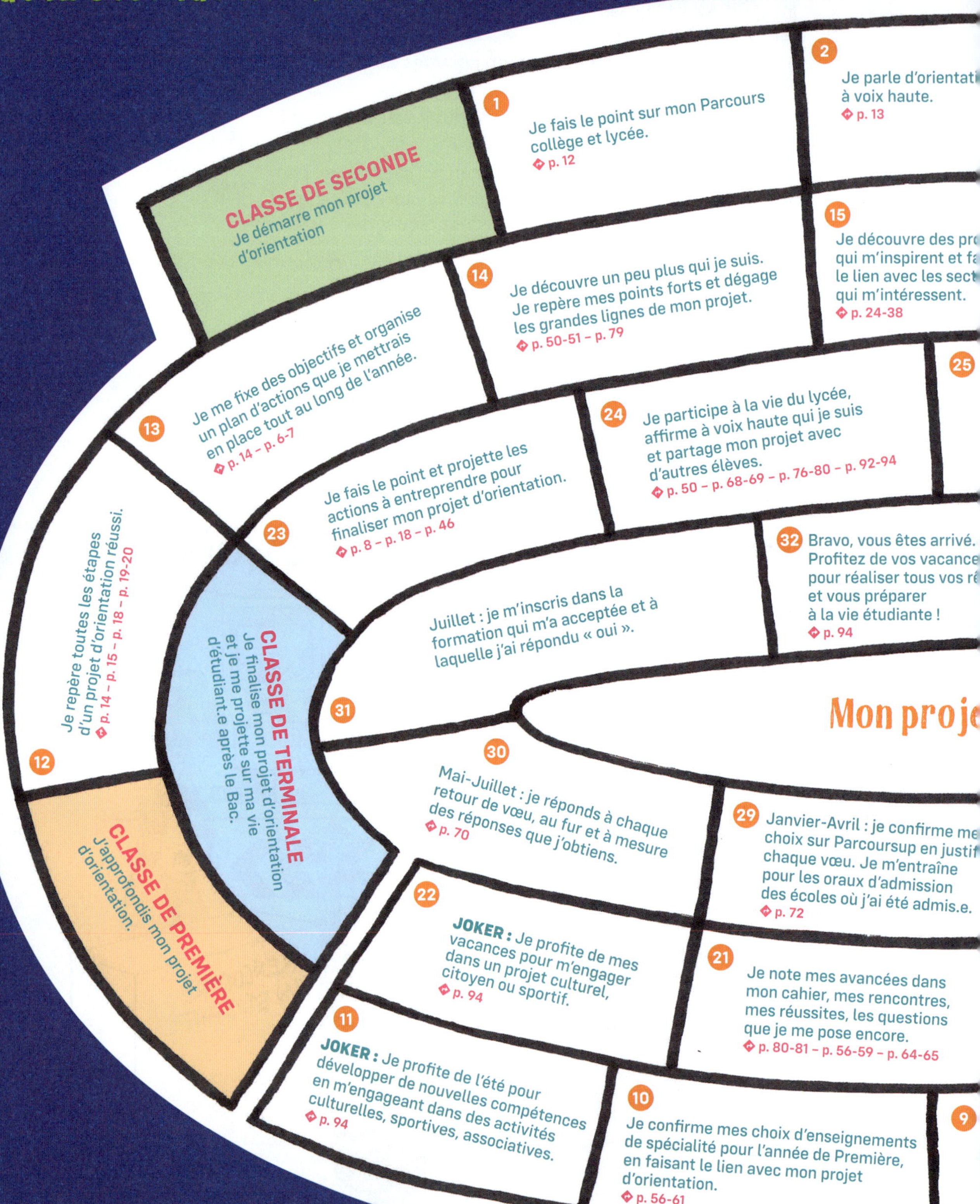

Ce cahier a été conçu pour vous proposer des activités tout au long de votre vie lycéenne. Il n'a pas vocation à être linéaire. Vous pouvez choisir à tout moment de faire ou refaire une activité. Néanmoins, nous vous aidons à articuler les activités de ce cahier en vous proposant un parcours type en 32 étapes. À vous de choisir à quel rythme vous souhaitez avancer dans votre projet d'orientation.

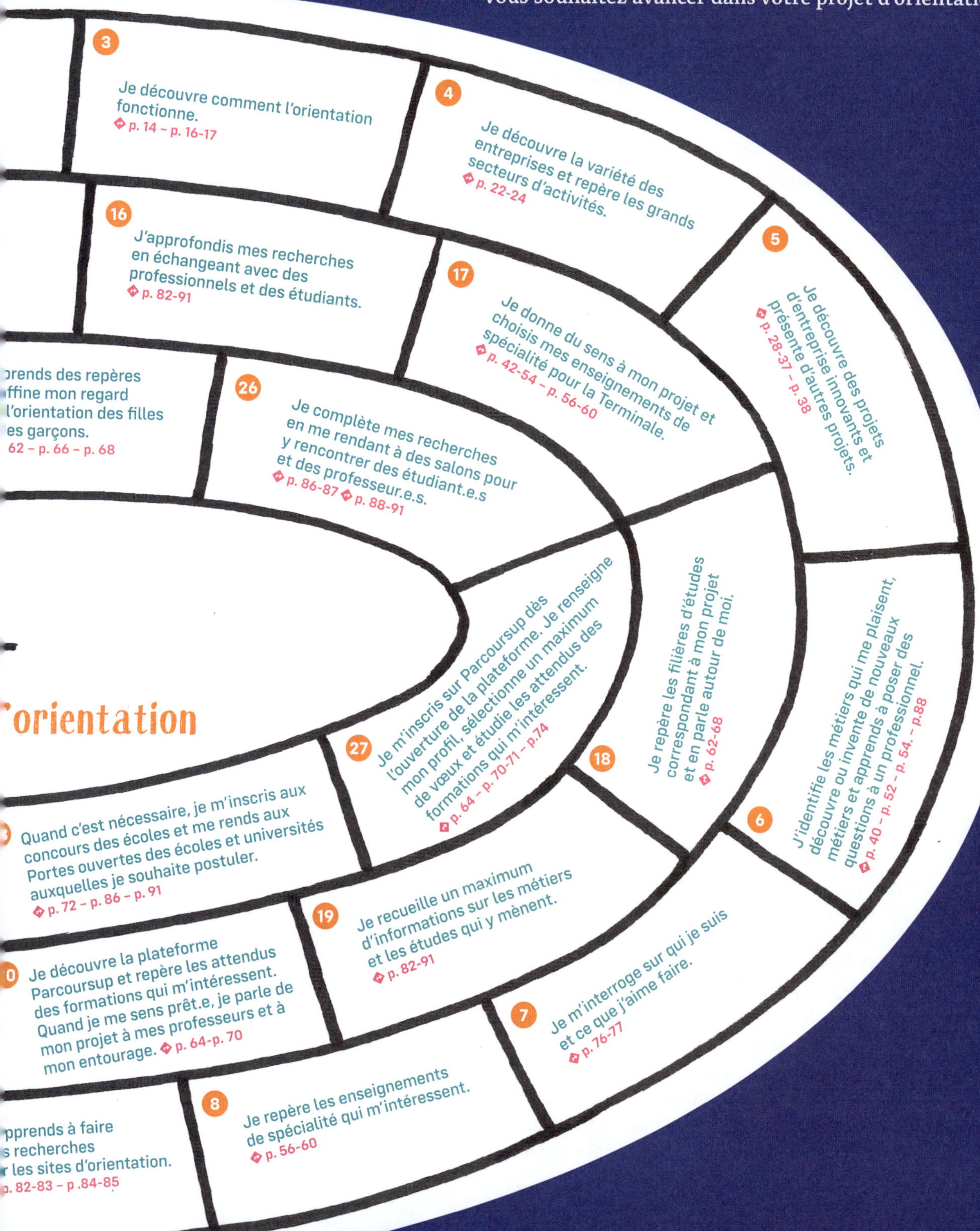

MON AGENDA de l'orientation

Profitez des trois années de lycée pour construire votre projet d'orientation. Complétez votre agenda avec les actions que vous allez mettre en place.

1re année (Seconde)				
1er trimestre				
2e trimestre				
3e trimestre				

Voici quelques exemples d'actions.

1. Visiter un salon de l'orientation.
2. Rencontrer des professionnels.
3. Demander l'avis d'un ou plusieurs professeurs ou documentalistes.
4. Demander un rendez-vous individuel avec un.e PsyEN.
5. Échanger avec des étudiants.
6. Se rendre aux « portes ouvertes » des écoles.
7. Chercher et sélectionner de l'information sur des sites.
8. Réaliser un ou plusieurs stages.
9. Participer à des ateliers sur l'orientation dans votre lycée.
10. Utiliser Parcoursup pour en savoir plus sur les formations et les écoles.
11. Autres actions à préciser par vous-même :

2e année (Première)

1er trimestre				
2e trimestre				
3e trimestre				

3e année (Terminale)

1er trimestre				
2e trimestre				
3e trimestre				

Vous ne savez pas trop comment organiser toutes ces étapes ?

Chap. 1, p. 14, **Je repère les grandes étapes de l'orientation** ; p. 15, **Je repère les personnes qui vont m'accompagnent dans mon projet**

QUELLE ATTITUDE AVEZ-VOUS face à votre projet d'orientation ?

1 Pour vous, l'orientation représente :

- ❑ un horizon lointain.
- ❑ un chemin à tracer.
- ❑ la sortie du lycée.

2 Choisir son orientation, c'est :

- ❑ prendre le temps de réfléchir.
- ❑ s'emparer des bonnes opportunités.
- ❑ on verra bien où je suis accepté.e.

3 Comment savoir ce qui m'intéresse ?

- ❑ Je ne sais pas, je vais me renseigner au CDI.
- ❑ Je demande aux professeurs qui trouveront bien ce qui me convient.
- ❑ C'est à moi de faire l'effort pour chercher ce qui me plaît.

4 Selon vous, quel est le bon timing pour démarrer son projet d'orientation ?

- ❑ Dès la Seconde, lorsque je choisis mes enseignements de spécialité.
- ❑ C'est au lycée de me dire quand et comment je dois m'y prendre.
- ❑ Ce sujet me concerne de près, c'est à moi d'être acteur.rice de mon orientation.

5 La question « Que souhaites-tu faire plus tard ? »...

- ❑ me panique !
- ❑ m'oblige à me bouger et à chercher un projet qui me convient.
- ❑ m'incite à m'entourer des personnes qui vont m'aider à y répondre.

6 Dire ce qui me plaît et en parler à d'autres...

- ❑ c'est difficile pour moi.
- ❑ pas de souci, je sais ce que j'aime et ce que je veux faire plus tard.
- ❑ ce n'est pas simple, mais je vais y arriver si on m'aide et si on m'écoute.

7 L'orientation finalement, c'est...

- ❑ une question d'organisation pour combiner toutes les actions à entreprendre pour avancer dans mon projet.
- ❑ une aventure et des rencontres incroyables qui m'obligent à m'intéresser à ce qui se passe en dehors des cours.
- ❑ une obligation et une source de stress, je ne me sens pas encore prêt.e.

8 Ce qui me motive pour avancer dans mon projet d'orientation, c'est de :

- ❑ quitter le lycée et devenir plus autonome dans mon travail.
- ❑ approfondir les matières qui me plaisent le plus.
- ❑ découvrir des domaines nouveaux pour prendre un nouveau départ.

Discutez-en en binôme ou en groupe. Appuyez-vous sur les ressources proposées dans ce cahier pour trouver des réponses à vos questions.

Chapitre 1

COMPRENDRE LES GRANDES ÉTAPES DE L'ORIENTATION

Prêt.e à démarrer votre projet d'orientation ? Oui, mais par où commencer ? Vous n'avez peut-être encore aucune idée du projet qui vous conviendrait… ou alors, vous avez bien une petite idée, mais comment être sûr.e de vos choix ? Dans votre tête, vous vous sentez probablement seul.e pour prendre des décisions aussi importantes pour votre avenir. Qui pourra vous aider, vous conseiller ? Où aller chercher l'information ? Autant de questions qui vous font prendre conscience de la complexité du processus d'orientation. Ce chapitre d'introduction est là pour vous montrer comment l'orientation fonctionne. Vous allez apprendre à vous organiser et construire un projet que vous serez fier.e de mener jusqu'au bout !

DANS CE CHAPITRE, VOUS APPRENDREZ À :

- **parler d'orientation à voix haute**, à l'intérieur de votre classe, partager votre vision avec d'autres élèves, pour ne pas rester seul.e face à votre orientation ;
- **comprendre les grandes étapes de l'orientation** pour en saisir toute la richesse et vous aider à mettre en place des actions concrètes pour avancer dans votre projet ;
- **vous entourez des bonnes personnes** pour vous sentir bien accompagné.e.

Écrivez ici la phrase ou la citation qui vous aidera à avancer

....

....

....

Ma boîte à citations, p. 95

1 JE FAIS LE POINT sur mon parcours scolaire

→ Mes actions en classe de Troisième

Le stage (ou les stages) en entreprise

Quel(s) stage(s) en entreprise avez-vous fait ? Décrivez-le(s) à un de vos camarades sous forme d'interview par exemple. Utilisez la trame suivante :

- la taille et la structure de l'entreprise, son secteur d'activité,
- le ou les métiers observés (deux maximum) : qualités requises, contraintes/avantages,
- ce qui m'a plu,
- ce qui m'a moins plu,
- ce qui m'a surpris.e,
- ce que je retiens.

> **Notre conseil**
> *Si votre établissement utilise l'application Folios, complétez la partie « Parcours avenir ».*

Mon engagement dans la vie du collège

Avez-vous participé à des instances (conseil de la vie collégienne, conseil d'administration...), à des actions humanitaires, à un concours (ou une compétition), à un club, à une mini-entreprise ? Avez-vous été ou êtes-vous encore délégué.e de classe ?

Si oui, décrivez le rôle que vous avez joué, ce qui a été facile pour vous, ce qui a été plus compliqué et comment vous avez surmonté ces obstacles. p. 95, **Je prends des initiatives**

....

....

....

Les évènements au collège

Des professionnels sont-ils venus au collège présenter leurs métiers ? Êtes-vous allé.e à des conférences sur des métiers ? Avez-vous participé à des salons ? Notez les souvenirs que vous avez de ces événements.

....

....

....

→ Je démarre mon parcours au lycée

Mon engagement en...	Seconde	Première	Terminale
Cette année dans ma classe, je vais...			
Dans mon lycée, j'aimerais...			
Dans ma ville, je souhaite...			
Dans mes loisirs, je vais...			
Pour mon orientation, j'espère...			

2 LE LEXIQUE de l'orientation

1 Notez tous les mots et idées qui vous viennent à l'esprit quand vous entendez le mot « orientation ».

2 Ajoutez les mots trouvés par votre groupe ou votre classe.

3 Voici une liste de mots-clés entendus lors de conférences O21 sur l'orientation, organisées par le journal *Le Monde* (janvier 2018). Choisissez 3 mots qui vous inspirent et expliquez pourquoi.

Doc+
En parler à voix haute
hatier-clic.fr/ori001

Sens Vertige plus Utilité liberté Patience méthode Education matières innovante désobéir Choisir humaines Recommencer pratiques Boîte à clous affectif Hasard diverger Concret questionner inattendu d'idées chacun Confiance l'autre travailler matière Soft jeu différencier Anticiper Différencier distance décaler Humilité s'entourer bienveillance tromper outils Service Attentes Comprendre Inventer réussir Relations Expérimenter d'être faire connaissances durables Talents monde apprendre loisirs terrain Persévérance confiance accompagnement succès Curiosité relier jouer réseaux formation Engagement former autres créer modestie Tâtonnements s'intéresser une s'étonner réaliser oser tas Créer stéréotypes savoir Refuser associer skills chose autrement Façon instant Formation Discerner Oser soi Vie créativité Collectif Temps absurde imagination connexions mode Apprendre échecs Idées rêver l'école Écouter connaître Audace puis-je penser regarder cultiver Défis académiques apprend Rencontres caler Révélation Pédagogie risques persévérer soutien CHOISIR suite métier Innover shape Intention Faire projet Instinct comprendre divaguer analyser Challenge Surprises Tester Urgence mesurés prendre Agir temps Courage Profil

Choix 1

Choix 2

Choix 3

3 JE REPÈRE LES GRANDES ÉTAPES de mon orientation

1 Quelles sont, selon vous, les actions à mettre en place pour avancer dans votre projet d'orientation ? Choisissez celles qui vous semblent les plus pertinentes et classez-les dans l'ordre qui vous convient le mieux.

Doc interactif
Quiz
hatier-clic.fr/ori002

- ☐ Je rencontre des **professionnel.le.s** pour en savoir plus sur les métiers qui m'intéressent.
- ☐ J'échange avec des **étudiant.e.s** pour bien comprendre en quoi consistent les études et les filières que je vise.
- ☐ Je fais des recherches sur des **sites d'orientation** pour m'informer sur les métiers et les études.
- ☐ Je prends rendez-vous avec des **personnes ressources** de mon lycée (professeur.e principal.e, documentaliste, PsyEn, professeur.e.s) pour organiser mes recherches et poser les questions que j'ai en tête.
- ☐ Je réfléchis à **ce qui me plaît**. Je note toutes les idées qui me viennent à l'esprit en prenant bien soin de conserver des traces écrites.
- ☐ Je parle de mon projet à des amis ou à des personnes qui me connaissent bien pour **me sentir accompagné.e**.
- ☐ Je fais des **points réguliers** pour savoir où j'en suis de mon projet et vérifier que j'avance bien.
- ☐ Je me rends à des **salons** et aux **portes ouvertes** des écoles et universités pour faire le plein d'informations et organiser mes choix.
- ☐ Je me pose des **questions** pour construire mon projet sur des bases solides.
- ☐ Je participe aux ateliers et séances d'orientation organisées **dans mon lycée** pour avancer par étapes et consolider mon projet.

2 Avez-vous d'autres idées d'actions à entreprendre pour faire avancer votre projet ?

2 Programmez vos actions et notez-les dans votre Agenda p. 8 et 9. Vous avez trois années devant vous, profitez-en pour en entreprendre un maximum !

JE REPÈRE LES PERSONNES qui vont m'accompagner dans mon projet

Repérez les personnes qui vont vous accompagner dans votre projet d'orientation. Réfléchissez-y seul.e, à deux ou même à plusieurs pour être sûr.e que vous n'oubliez personne !

Qui peut m'aider ?	Sur quels sujets ?	Dates à reporter sur mon agenda
Le professeur principal ou le CPE (conseiller principal d'éducation)	• conseils • fiche dialogue • entretien	
Le psychologue de l'Éducation nationale présent dans mon lycée	• rendez-vous individuel	
Le professeur documentaliste	• rendez-vous individuel	
Le site du lycée et du CDI (esidoc)	• rendez-vous individuel	
Les sites spécialisés Chap. 5 p. 82	• Onisep • l'Étudiant • CIDJ, etc.	
Les manifestations au sein du lycée	• forum des métiers • conférences • visites d'étudiants • semaine de l'orientation, etc.	
Les structures communales	• bureau de l'information jeunesse • conférences, salons, etc.	
Mon entourage proche (parents, amis, connaissances)	• pour apprendre à se connaître • partager une information • aller ensemble aux portes ouvertes ou à un salon de l'orientation, etc.	
Un professionnel	• pour se renseigner sur un métier • pour trouver un stage • pour travailler (job)	
Une association (sportive ou culturelle)	• l'association Inspire aide les lycéens qui en ont besoin à construire leur projet d'orientation • certaines associations peuvent vous aider à trouver un stage	
Une autre idée ?		

5 JE VISUALISE mon parcours

Imaginez que vous partez pour un grand voyage et que celui-ci a démarré dès votre enfance. Ce voyage de l'orientation vous mènera, d'ici quelques années, à un métier. Mais vous devez pour cela passer par des étapes d'études. **Placez les mots et les symboles pour illustrer les grandes étapes de votre parcours d'orientation.**

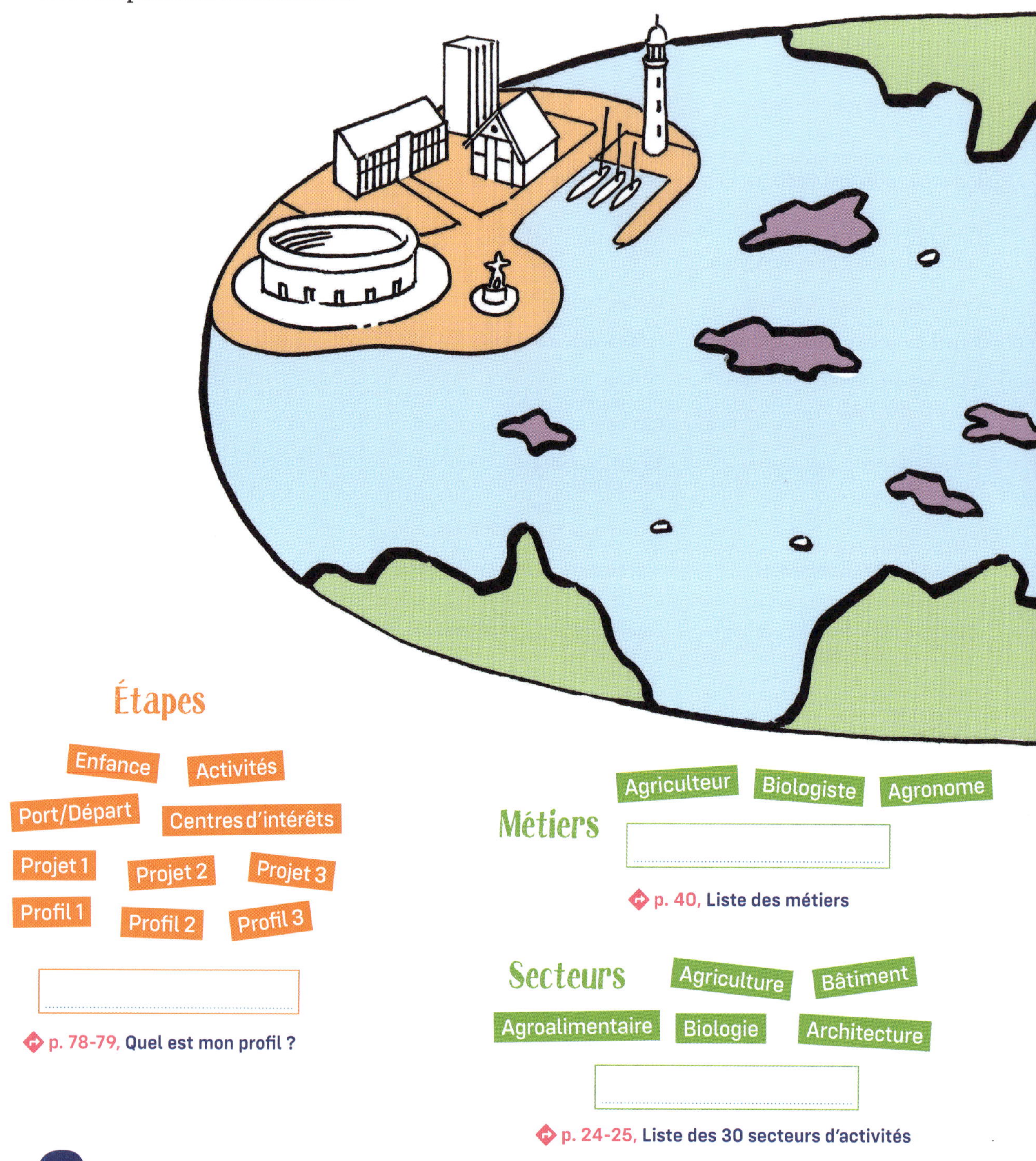

Étapes

Enfance
Activités
Port/Départ
Centres d'intérêts
Projet 1
Projet 2
Projet 3
Profil 1
Profil 2
Profil 3

....

p. 78-79, Quel est mon profil ?

Métiers

Agriculteur
Biologiste
Agronome

....

p. 40, Liste des métiers

Secteurs

Agriculture
Bâtiment
Agroalimentaire
Biologie
Architecture

....

p. 24-25, Liste des 30 secteurs d'activités

d'orientation

Notre conseil

Le lexique de l'orientation p. 13 vous aidera à légender cette carte.

→ Choisis ton moyen de transport

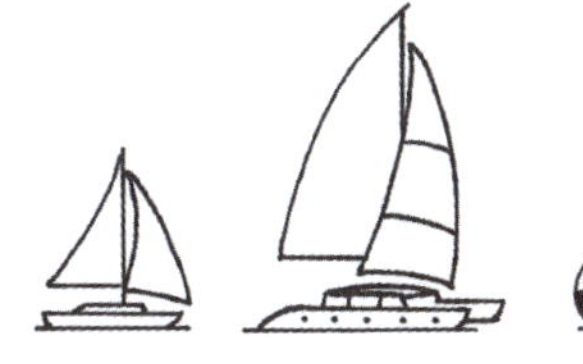

Expérimentations/ Stages

Stage 1

Stage 2

Stage 3

Études

École

Université

Apprentissage

Études longues

Études courtes

Césure

Prépa

Entrée dans la vie active (sans études)

PACES

DUT

BTS

IUT

Licence

Master

Doctorat

p. 63, Schéma des études supérieures

Motivations

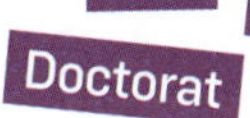

Argent

Autonomie

Passion

Réussite

Plaisir

Reconnaissance

Utilité

6 Qu'est-ce qu'une ORIENTATION RÉUSSIE ?

Complétez ce texte seul.e ou à deux, avec les mots proposés. Aidez-vous du lexique de l'orientation p. 13.

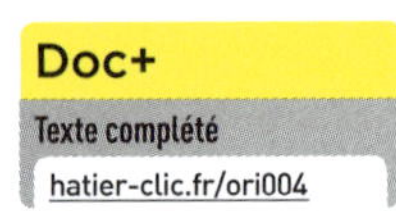

croire en soi • conviction • rôle • chemin • information • méthodologies • place (2 fois) • sens • valeurs • risques • expérimenter • recherches • voix haute • défendre • argumenter • agir et choisir • questions • curiosité • réalité • direction

1. S'orienter, c'est .... et en ses capacités à mener à bien son projet d'orientation personnel et professionnel.

2. S'orienter, c'est se mettre en mouvement, ... et ne pas attendre des autres qu'ils décident à votre ....

3. S'orienter, c'est donner un .... et une .... à sa vie, en identifiant les .... auxquelles on est attachées.

4. S'orienter, c'est apprendre à poser des .... sur soi et ce qui vous entoure.

5. S'orienter, c'est faire preuve de .... en cherchant à comprendre comment le monde fonctionne autour de soi ; intégrer la part de .... nécessaire à chaque projet professionnel.

6. S'orienter, c'est prendre des...................., ... et parfois recommencer dans une nouvelle direction, avec de nouvelles idées en tête.

7. S'orienter, c'est chercher sa ...., comprendre que chacun sur terre à un .... à occuper dans la société.

8. S'orienter, c'est oser dire qu'on ne sait pas et demander son .... quand on se sent perdu.e.

9. S'orienter, c'est apprendre à organiser mes ...., aller chercher l'.................... qui me manque en m'emparant des outils et .... mis à ma disposition.

10. S'orienter, c'est dire à .... qui on est et ce que l'on veut, ... et ...., son projet avec .... !

Le Manifeste de l'orientation

Rédigez le Manifeste de l'orientation !  

Vous pouvez vous inspirer du texte p. 18 en le personnalisant avec les mots de votre groupe p. 13 ou utiliser vos propres mots. Soyez créatifs.ves, ne vous censurez pas !

Vous pouvez aussi trouver l'inspiration grâce aux citations Ma boîte à citations, p. 95.

Les mots que vous allez utiliser pour rédiger le Manifeste de l'orientation :

....

....

....

....

....

....

Article 1 ....

....

....

....

....

....

Article 2 ....

....

....

....

....

....

Article 3 ....

....

....

....

....

.... >>>

Article 4

Article 5

Article 6

Article 7

Article 8

Article 9

Article 10

Chapitre 2

DÉCOUVRIR L'ENTREPRISE À TRAVERS DES PROJETS INSPIRANTS

Vous pensez ne rien savoir sur l'entreprise ? Vous en savez déjà un peu grâce au stage que vous avez réalisé en Troisième et peut-être aussi en Seconde. Vous côtoyez des entreprises au quotidien et utilisez leurs services… Ce chapitre vous invite à mieux comprendre le langage des entreprises, à quels secteurs elles appartiennent, à les relier à des métiers, à des missions, et à découvrir des projets innovants, de la grande entreprise à la start-up, en passant par des projets associatifs, tous utiles à la société. Enrichissez votre regard sur l'entreprise, découvrez vous-même des projets qui vous intéressent, et reliez toutes ces découvertes à vos choix d'orientation !

CE CHAPITRE VOUS PERMETTRA DE :

- **acquérir les repères** nécessaires pour parler du monde de l'entreprise et de ses activités ;
- **vous sensibiliser à des projets d'entreprises** en comprenant le rôle joué par l'innovation ;
- **partir à la recherche du projet** qui se rapproche le plus de ce que vous aimez faire et de ce qui fait sens pour vous.

Écrivez ici la phrase ou la citation qui vous aidera à avancer

Ma boîte à citations, p. 95

1 Je découvre LA VARIÉTÉ

7 h 00 pile ! Il est temps d'éteindre votre téléphone qui sonne depuis dix minutes ! Derrière ce bijou de technologie se cachent **des entreprises d'informatique et de téléphonie**, américaines (Apple), coréennes (Samsung), chinoises (Huawei) ou finlandaise (Nokia)... Vous le rechargez grâce au secteur, qui permet aux lumières et à tous les appareils électriques de fonctionner. Un service assuré par les fournisseurs d'électricité. En France, un des plus connus s'appelle EDF (Électricité de France).

Une fois debout, direction le petit-déjeuner. Vous hésitez entre une tartine de Nutella (pas très écolo en raison de l'huile de palme qu'il contient !) et un bon bol de céréales. Cette baguette provient de **l'artisan boulanger** le plus proche. Comme tous les autres artisans,

il est à la tête de sa petite entreprise : **une TPE (très petite entreprise),** avec un ou plusieurs employés. L'artisanat représente une entreprise sur trois en France. À moins que le pain ne vienne d'un **hypermarché**, qui appartient au secteur de la grande distribution, qui compte plus de 600 000 emplois en France !

Avant de partir au lycée, un petit passage devant le miroir : impossible de sortir sans ce jean, ces baskets et votre t-shirt préféré ! Autant de produits de **l'industrie textile et habillement**, le plus souvent fabriqués à l'étranger dans des pays du Sud. En France, ce secteur compte encore quelques 60 000 salariés. Évidemment vous vous êtes brossé les dents. Un des plus gros producteurs de dentifrice est Unilever, un groupe agroalimentaire anglo-néerlandais.

Pour vous rendre au lycée, vous avez le choix entre le bus et le tramway, ou bien le métro et le RER. À moins que vous ne choisissiez de prendre votre vélo pour faire du sport ! En région, il arrive que les pouvoirs publics établissent des contrats avec des **entreprises privées de transport**. En région parisienne, c'est **la SNCF et la RATP**, qui ont le statut d'Établissement Public Industriel et Commercial (EPIC), qui s'en chargent. Arrivé.e au lycée, c'est parti pour 4 heures de cours ! Le lycée est un lieu où de nombreux professionnels de l'éducation et de l'encadrement travaillent. Si l'établissement est public, ils sont pour la majorité employés par le **ministère de l'Éducation nationale**. Les établissements privés emploient eux-mêmes leurs personnels.

des entreprises

Il est midi, direction la cantine. En fonction des territoires, celle-ci est souvent gérée par une **entreprise de restauration collective** (comme Mille et Un Repas, Sodexo, etc.). On trouve ces entreprises non seulement dans le milieu scolaire, mais aussi dans les hôpitaux, les maisons de retraite, les entreprises. Leurs métiers vont du commis de cuisine au chef, en passant par l'économe. La gestion de la cantine peut également être associative. Certaines cantines servent des repas confectionnés à partir de **l'agriculture biologique**, plus saine et respectueuse de la planète.

La cloche a sonné, c'est l'heure de quitter le lycée. Sur la route, vous croisez une ambulance. **Les compagnies d'ambulance** emploient chauffeurs et brancardiers. À **l'hôpital**, aides-soignants, infirmiers, médecins et personnels administratifs sont là pour accueillir les patients.

Avant le dîner, il vous reste du travail : vous avez un devoir d'histoire demain ! Vos recherches sur **Internet** sont possibles grâce au travail de milliers de personnes : des techniciens et informaticiens des fournisseurs d'accès qui font fonctionner Internet, de ceux qui créent les sites web et moteurs de recherche (comme Qwant ou Google)[1], ou encore de ceux qui publient leurs recherches sur le web (les scientifiques), etc.

Après le dîner, vous avez votre entraînement de handball. Le sport amateur est organisé en **fédérations et associations sportives**. Elles emploient des entraîneurs, des profs de sport et autres éducateurs sportifs pour qu'un maximum de personnes puissent pratiquer leur passion !

Pendant les prochaines vacances, vous avez prévu de rendre visite à votre cousin, qui habite au bord de la mer. Sur place, il vous a concocté.e un petit programme entre sorties et sessions de jeu vidéo. Le secteur du **tourisme** comprend des métiers très divers : restauration, hôtellerie, animation, visites culturelles... des métiers souvent saisonniers. Quant au **jeu vidéo**, il s'agit d'une industrie très importante dans le monde, qui fait appel à des compétences nombreuses : design, marketing, développement informatique, audiovisuel, etc. Vous aimez aussi partager vos musiques en vous branchant sur votre **plateforme de streaming musical** préférée, un service rendu possible par le travail notamment des développeurs informatiques, qui réalisent les applications mobiles et des plateformes.

1. On appelle GAFAM les géants américains du numérique (Google, Apple, Facebook, Amazon, Microsoft).

2 Je repère les différents SECTEURS

Pour se repérer dans le monde économique, on parle de secteur d'activités. Chaque métier, mais aussi chaque entreprise peut être classée dans un ou plusieurs secteurs. Ainsi, le métier d'infirmier.ère relève du secteur de la santé, alors que celui d'ingénieur.e appartient à ceux de la mécanique, du bâtiment, de l'environnement... selon la spécialité ! De même, un webdesigner ou encore un comptable peut travailler dans une entreprise de communication ou dans l'industrie agroalimentaire !

Secteur, branche ou domaine d'activités ? Quelles différences ?

Au niveau légal, chaque entreprise dépend d'une **branche sectorielle**, c'est-à-dire une catégorie plus fine que les secteurs d'activité. À chaque branche correspond généralement aussi une ou plusieurs **fédérations patronales** : un syndicat qui représente les intérêts des entreprises adhérentes. Pour défendre leurs droits au sein de leur entreprise, mais aussi au niveau national dans le cadre de négociations sociales, les salariés ont la possibilité d'adhérer au syndicat de leur choix.

Quand un secteur compte plusieurs spécialités, on les nomme **domaines d'activités**.

LES GRANDS SECTEURS D'ACTIVITÉS (Source CI

Agriculture

Agroalimentaire
Alimentation

Animaux

Bâtiment
Travaux Publics

Biologie
Chimie

Commerce
Immobilier

Droit

Éditions
Imprimerie
Industries graphiques

Informatique
Électronique
Télécoms

Hôtellerie
Restauration
Tourisme

Humanitaire

Industrie
Matériaux
Énergie

Santé

Secrétariat
Accueil

Social
Services à la personne

Les trois secteurs économiques

L'Insee (Institut national de la statistique et des études économiques) classe les entreprises selon trois grands secteurs de production, avec des frontières plus ou moins perméables :

- le **secteur primaire** : exploitation des ressources naturelles, par exemple l'agriculture ;
- le **secteur secondaire** : la transformation de ces matières, par exemple l'industrie automobile ;
- le **secteur tertiaire**, comprenant tout le reste : le commerce et les services.

En France, le secteur tertiaire représente 75,7 % des emplois, le secteur secondaire 20,6 % et le secteur primaire 2,8 %.

Source : chiffres 2016, Enquête Emploi Insee 2018.

D'ACTIVITÉS

Architecture
Urbanisme
Aménagement intérieur

Artisanat
Métiers d'art

Banque
Assurance
Finance

Communication
Information
Publicité

Culture
Spectacle
Arts

Défense
Sécurité
Secours

Enseignement
Formation

Environnement
Nature
Nettoyage

Gestion
Audit
Ressources humaines

Sciences
Recherche

Mécanique
Électronique
Maintenance

Numérique
Multimédia
Audiovisuel

Soins
Esthétique
Coiffure

Sport
Animation artistique
et culturelle

Transports
Logistique

À vous de jouer !

1 Soulignez les secteurs qui vous sont complètement inconnus. Essayez de trouver des métiers qui s'y rapportent en vous aidant des sites web de l'ONISEP et du CIDJ :

Site web
ONISEP
hatier-clic.fr/ori005

Site web
CIDJ
hatier-clic.fr/ori006

2 Relevez les types d'entreprises p. 22-23. Reliez-les aux différents secteurs d'activités.

Doc interactif
Les grands secteurs d'activités
hatier-clic.fr/ori007

3 Choisissez les 3 secteurs qui vous intéressent le plus. Classez-les par ordre de préférence en les illustrant par un ou plusieurs métiers qui vous plaisent.

TOP 3 de mes secteurs préférés

3 Qu'est-ce qu'une ENTREPRISE ?

Le tissu économique est fait d'entreprises, mais aussi d'associations non-lucratives (dont le but premier n'est pas de gagner de l'argent) et d'organismes publics (pour lesquels l'État est employeur). L'entreprise est une organisation publique ou privée qui produit des biens ou des services pour répondre à des besoins identifiés de clients. Il est possible de classer les entreprises selon leurs tailles, mais aussi parfois selon leur mode d'organisation.

LES DIFFÉRENTS TYPES D'ENTREPRISES

Microentreprise ou très petite entreprise
(TPE, de 1 à 9 personnes)

Entreprise de taille intermédiaire
(ETI, moins de 5000 personnes)

Coopérative
(une entreprise dont les propriétaires sont les personnes qui y travaillent)

Petite et Moyenne entreprise
(PME, moins de 500 personnes)

Grande entreprise
(GE, 500 et plus, souvent internationalisées)

Start-up
(jeune entreprise qui expérimente de nouvelles façons de travailler, à partir d'une personne)

Au niveau juridique, chaque entreprise a un **statut** légal qui détermine ses obligations administratives et fiscales (taxes). Il en existe douze types. Quand l'entreprise appartient aux personnes qu'elle fait travailler, elle bénéficie d'un statut particulier, celui de coopérative.

L'**emploi** renvoie au fait de travailler, même occasionnellement ou à temps partiel. Les personnes qui travaillent au sein d'une entreprise sont le plus souvent **salariées** : elles signent un contrat de travail à un **poste** donné (ensemble des **missions** exigées), et reçoivent un salaire mensuel en échange. Le salarié a des droits, qui sont définis dans les grandes lignes par le **code du travail**, et dans le détail par la **convention collective** à laquelle appartient l'entreprise qui l'embauche (par exemple, celle de la restauration). Les missions de son travail sont définies par une **fiche de poste** rédigée par la DRH (direction des ressources humaines) de l'entreprise, qui édite aussi les **bulletins de salaires** de chaque employé.

Il existe d'autres façons de travailler : l'**entreprenariat** (indépendant.e, auto-entrepreneur.e, artisan.e, chef.fe d'entreprise), le **commerce**, les **professions libérales** (professions de santé, du droit, etc.), la **fonction publique** (employé.e par l'État), l'**intermittence** (métiers du spectacle), etc.

1. Jeune entreprise en construction qui expérimente de nouvelles façons de travailler.

Qu'est-ce que la rémunération ?

La **rémunération** correspond à l'argent versé par une entreprise à la personne qu'elle emploie : elle inclut le salaire, mais aussi les primes, et le montant équivalent aux congés (quand le salarié ne les a pas pris). La rémunération varie en fonction du nombre d'heures travaillées, du poste, du niveau de diplôme et d'expérience de chacun. La plupart des branches sectorielles sont dotées de **grilles de rémunération** qui précisent la rémunération minimale de chaque métier.

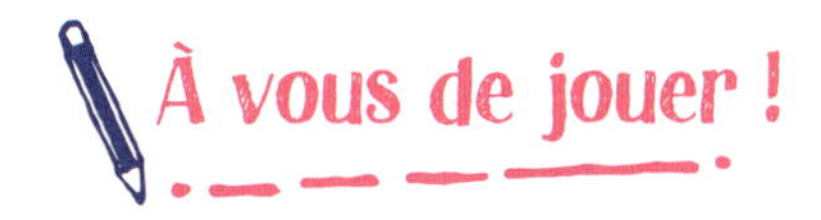

1 Voici des mots issus du vocabulaire de l'entreprise. Complétez les dix phrases. Certains mots peuvent servir deux fois. Aidez-vous d'Internet si nécessaire.

Exo interactif
hatier-clic.fr/ori008

formation • ressources humaines • clients • capital humain • recrutement • mission • étude de marché • part de marché • turnover • fournisseurs • chiffre d'affaires • stratégie • demande • process de production • marketing • produits et services • concurrence

1. Le .... de 2019 permettra de faire de nouveaux investissements.
2. L'acheteur est en contact très régulier avec les ....
3. Grâce à sa nouvelle ...., le groupe d'agroalimentaire a gagné des .... en Asie.
4. Les .... sont en baisse dans le secteur du BTP, en raison d'une diminution de la .... de logements neufs.
5. Le service .... travaille en collaboration avec le service de production pour améliorer les .... de l'entreprise, afin d'attirer de nouveaux ....
6. Les valeurs de ce groupe reposent essentiellement sur l'importance donnée au .... : cela se voit aux excellentes conditions de travail offertes aux salariés.
7. Avant de lancer sa société de tissu écologique, elle a fait une .... sur ce type de produits.
8. La R&D intervient en amont du ....
9. En proposant un programme de .... adapté à chaque salarié, le département des ...., espère fidéliser les salariés et éviter le ....
10. Le chargé de veille a pour .... d'observer comment fonctionne la ....

2 Dans quel(s) type(s) d'organisation(s) aimeriez-vous a priori travailler ? Pourriez-vous expliquer pourquoi ? Qu'est-ce qui vous attire dans ce type d'entreprise ? Chap. 3, p. 44, **Comment vais-je travailler demain ?**

....
....
....
....

3 À partir du site d'orientation de votre région, repérez un métier. Cherchez des données sur l'insertion professionnelle le concernant (nombre récent d'embauches, etc.). Pour vous aider à repérer le site de votre région.

Site web
Orientation pour tous
hatier-clic.fr/ori009

Domaine d'activités 1

LA PERSONNE AU CŒUR DU PROJET :

Faire sortir de la précarité, combiner retour à l'emploi et développement durable, rapprocher les citoyens, favoriser l'accès à la santé pour tous, innover au service de la personne humaine... Tel est le défi que se donnent aujourd'hui différentes structures du paysage économique. Une importante partie de ces acteurs relèvent de l'économie sociale et solidaire (ESS). Ce secteur, qui compte des associations, des mutuelles, des fondations et des entreprises, emploie 2,4 millions de salariés en France, soit 12,8 % de l'emploi privé[1]. Selon la loi, pour appartenir à l'ESS, ces structures doivent partager deux principes : être d'utilité sociale, et avoir un fonctionnement participatif et démocratique (les membres ou salariés ont leur mot à dire sur la gestion de l'ensemble). Autrement dit, contrairement à d'autres entreprises, ces acteurs n'ont pas pour seul but de faire des bénéfices. De plus, et c'est le troisième critère de l'ESS, ses bénéfices doivent obligatoirement être réinvestis dans le projet. La majorité des personnes qui travaillent dans l'ESS appartiennent à des associations (77 % des effectifs).

1. Source : bilan de l'emploi dans l'économie sociale 2016, publié par Recherches et solidarités en juin 2017.

Les services à la personne

Un autre secteur important est celui des services à la personne qui regroupe associations et sociétés privées. Leur cœur de métier est l'aide quotidienne aux plus fragiles (personnes âgées, handicapées, enfants, malades) et les prestations « de confort » (ménage, garde d'enfants). Ce secteur fait partie de ceux qui recrutent le plus ! Plus d'un million de personnes y travaillent.

Source : Dares, février 2017.

Entreprise 1 > La Fabrique

Quand une grande entreprise investit dans la solidarité

Un million d'euros chaque année pour développer les projets d'économie sociale et solidaire ? C'est la proposition de la Fabrique Aviva, organisée par une grande entreprise d'assurance, qui depuis 2015 encourage des créations d'entreprises innovantes dans quatre domaines :

- le soutien à l'emploi, l'éducation ou la formation ;
- le renforcement du lien social ;
- la santé durable et le handicap ;
- la protection de l'environnement.

www.aviva.fr/aviva-france/engagements/financement/la-fabrique.html

Entreprise 2 > Ticket for change

Un tour de France pour changer le monde durablement

TICKET FOR CHANGE

Booster l'envie d'entreprendre dans le social à travers le pays, c'est la mission que s'est donnée Ticket For Change, une start-up créée en 2014 par trois jeunes. En proposant un accompagnement (ateliers, formations, etc.) à celles et ceux qui souhaitent lancer leur entreprise, ou créer des projets innovants à l'intérieur de l'entreprise qui les emploie, elle a pu faire émerger quelques 1396 entreprises sociales depuis sa création.

La start-up a monté notamment un programme d'accompagnement à la création de start-up sur 6 mois, qui permet à une promotion de 50 personnes d'accélérer leur projet.

www.ticketforchange.org

l'économie sociale et solidaire

Entreprise 3 > Le Reflet

Un restaurant contre les préjugés !

Dans notre société, les personnes en situation de handicap souffrent de discrimination, malgré des lois qui poussent à une meilleure intégration. Le restaurant « Le Reflet », à Nantes, fait partie de ces initiatives qui font bouger les choses ! Son principe ? Fonctionner avec une équipe composée en majorité de personnes atteintes de trisomie 21, grâce à des équipements (espaces, menus, couverts) pensés et adaptés. Objectif : favoriser, par le travail, l'inclusion des personnes atteintes de handicap mental.

À l'origine de cette entreprise, une jeune femme dynamique, ayant un frère trisomique, qui s'est battue pour faire aboutir son projet. Signe du succès : un second restaurant, à Paris, est en projet !

www.restaurantlereflet.fr

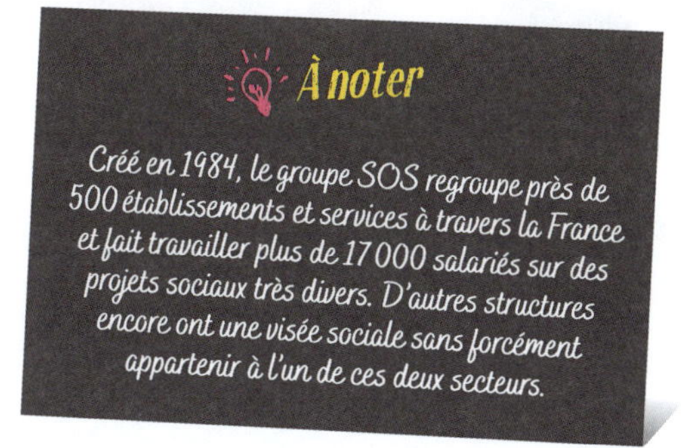

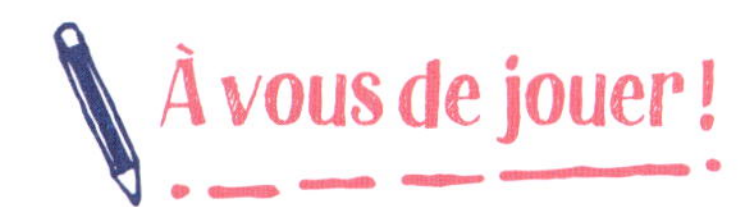

1 **INTRODUCTION** Quelles sont les 3 caractéristiques communes aux structures de l'ESS ?

....

....

....

....

2 **INTRODUCTION** Visionnez la vidéo sur l'innovation sociale. Donnez-en une définition et reliez votre réponse à un projet social innovant que vous connaissez.

Vidéo
L'innovation sociale
hatier-clic.fr/ori010

....

....

....

....

3 **ENTREPRISE 1** Quelle entreprise parmi les gagnants des 3 éditions de la Fabrique Aviva aimeriez-vous mettre en avant ? Vous pouvez choisir le projet qui vous intéresse à plusieurs et le présenter ensuite à votre classe pour sensibiliser plus de personnes à cette cause.

Site web
Aviva
hatier-clic.fr/ori011

4 **ENTREPRISE 2** Quel outil gratuit et accessible en ligne a créé Ticket For Change pour aider les personnes à devenir entrepreneur ? Trouvez l'adresse URL qui permet d'accéder à cet outil.

5 **ENTREPRISE 3** Et vous, avez-vous une idée de projet qui permettrait un meilleur vivre ensemble ?

Domaine d'activités 2

PROTÉGER LA PLANÈTE grâce à

À l'heure du réchauffement climatique, de plus en plus d'emplois concernent la préservation de l'environnement ou la correction des dommages environnementaux : c'est l'éco-activité ! D'autres métiers intègrent par ailleurs le respect de l'environnement, et participent ainsi à une économie plus respectueuse de la planète.

Au niveau mondial, les domaines qui recrutent le plus sont :

- l'**efficacité énergétique** (optimiser l'utilisation de l'énergie produite),
- les **transports durables**,
- l'**approvisionnement en eau**,
- l'**assainissement**,
- la **gestion des déchets**,
- les **énergies renouvelables**.

1. Source : Programme des Nations Unies pour l'Environnement (PNUE).

Entreprise 1 > Enercoop

L'électricité 100 % « propre »

Fournir de l'énergie propre et changer les mentalités ? C'est l'ambition d'Enercoop, une société française créée en 2005, qui compte aujourd'hui au moins 25 000 clients. À la différence des programmes « verts » des grands fournisseurs d'énergie (dont une partie des bénéfices est investie dans l'énergie propre), Enercoop fournit de l'énergie prove-

nant seulement de sources renouvelables (éolien, hydroélectricité). Sensibilisant ses abonnés et le grand public à la lutte contre le gaspillage énergétique, Enercoop est une SCIC (Société coopérative d'intérêt collectif), c'est-à-dire une entreprise avec un fonctionnement démocratique et participatif, qui associe plusieurs personnes autour d'un même projet.

www.enercoop.fr

Entreprise 2 > Les Joyeux Recycleurs

La solution pour recycler au travail

Cette start-up francilienne facilite le tri des déchets liés à la vie de bureau (papiers, gobelets, ampoules...) et propose des solutions de tri et de collecte. Favorisant l'insertion sociale dans ses recrutements, elle compte déjà 500 clients !

www.lesjoyeuxrecycleurs.com

des projets environnementaux

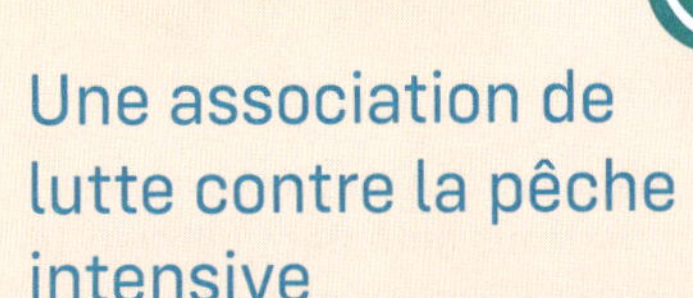

Une association de lutte contre la pêche intensive

Créée en 2005, cette association se bat pour la protection du milieu marin. Elle fait pression pour obtenir la fin des méthodes de

pêche intensive, par des actions de sensibilisation, de lobbying, de recherche, etc. L'Union européenne a interdit le chalutage en eau profonde grâce à son action.

www.bloomassociation.org

L'économie « verte » en chiffres (France)

Près de 900 000 emplois (3,5 % de l'ensemble des emplois), dont 440 000 directement liés à la protection de l'environnement. Un projet de recrutement sur 7 en 2017 concernait les métiers de l'économie « verte ».

Source : Observatoire national des emplois et métiers de l'économie verte (Onemev), données pour 2015 (juin 2018).

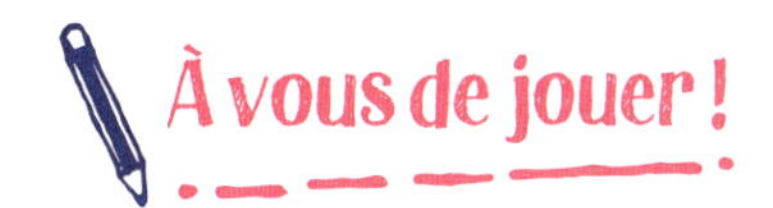

1 À partir de ces deux sites, donnez la définition d'un métier vert et d'un métier « verdissant ».

Site web Statistiques hatier-clic.fr/ori012

Site web Documentaire hatier-clic.fr/ori013

- Un métier vert : ....
- Un métier « verdissant » : ....

2 Repérez puis soulignez, dans le texte d'introduction, au moins deux notions-clés de la protection de l'environnement.

3 En vous appuyant sur le site de l'Ademe, donnez une définition de « l'économie circulaire ». Puis répondez aux questions.

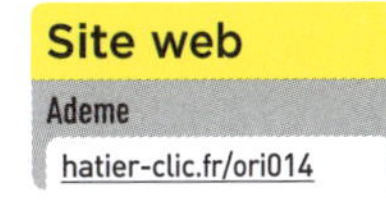

- Votre définition : ....
- Quels sont les 3 objectifs de l'économie circulaire ? ....
- Quels en sont les 7 piliers ? ....

4 De plus en plus de grandes entreprises accompagnent des start-up pour développer des projets qui ont un impact positif social et environnemental sur la société. En vous appuyant sur le site du Comptoir de l'innovation, citez des projets qui ont un impact écologique. Présentez en une phrase à la classe ou au groupe le projet qui vous intéresse.

- Les projets à impact écologique : ....
- Votre projet : ....

Domaine d'activités 3

L'INNOVATION ET LE NUMÉRIQUE

Quelle image avez-vous de l'industrie en France ? Une usine poussiéreuse avec des machines et beaucoup de bruit comme au temps de la révolution industrielle ? Heureusement, l'industrie a bien changé depuis. Elle est devenue l'un des secteurs les plus concernés par l'innovation et les technologies de pointe, synonyme, pour de nombreuses entreprises industrielles, de nouveaux débouchés à l'international. Au cœur de l'innovation, les technologies numériques, qui font évoluer rapidement les métiers de ce secteur.

Les chiffres de l'emploi

2,7 millions[1], c'est le nombre de salariés de l'industrie française, sans compter les intérimaires ! Un chiffre important malgré les difficultés rencontrées dans certaines branches du secteur (métallurgie, textile et automobile). La majorité des emplois concerne l'agroalimentaire, c'est-à-dire la transformation des matières premières alimentaires en produits de consommation. La richesse produite par l'industrie en France représente 10 % du PIB (Produit Intérieur Brut).

1. Source : DGE (Direction Générale des Entreprises), Insee, Eurostat.

Entreprise 1 > ABB

Le capteur intelligent

C'est l'une des dix inventions majeures ces dernières années ! Économiser du carburant en mettant automatiquement le moteur en veille, il fallait y penser ! C'est ce que permet ce capteur intelligent créé par l'entreprise suisse ABB, spécialisée dans les technologies digitales appliquées à l'industrie. Ce bijou

de technologie est aussi utilisé dans les usines, pour améliorer l'usage des moteurs de machine. Grâce aux données qu'il collecte en temps réel, il permet notamment de prévenir l'usure et d'anticiper les pannes.

www.new.abb.com/fr

Entreprise 2 > Volumic

Des imprimantes 3D à la française

La société française GEMEA – une ETI, entreprise de taille moyenne, créée en 2004 – a développé les premières imprimantes 3D de bureau, sous la marque Volumic. Un savoir-faire de pointe puisque l'impression est possible pour 40 types de matériaux différents ! Depuis, d'autres petites entreprises se sont lancées sur le marché de l'imprimante 3D pour les particuliers.

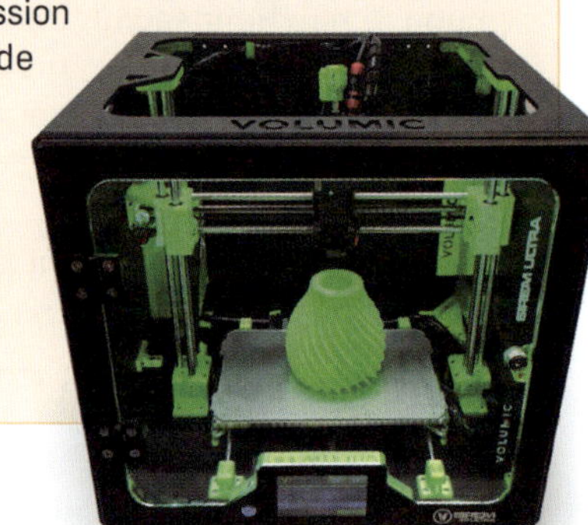

www.imprimante-3d-volumic.com

au service de l'industrie

Entreprise 3 > ICM Industrie

Le plastique dans tous ses états !

Saviez-vous que le plastique était un matériau à la pointe ? Grâce aux matériaux composites, le voici au cœur de nombreux objets et systèmes technologiques. Il révolutionne

aussi les métiers de la métallurgie classique, comme la chaudronnerie. ICM Industrie en a fait sa spécialité ! Cette entreprise familiale, basée à Lyon, Niort, Nancy et Paris, produit ainsi des pièces pour des secteurs comme l'aéronautique, le médical, la défense, etc.

www.icmindustrie.com/fr

1 En vous appuyant sur le site, donnez une définition de :

Site web
L'industrie recrute
hatier-clic.fr/ori016

- ingénieur production : ....
- maintenance : ....

2 À quoi servent ces inventions technologiques ? Précisez leur secteur d'activités.

- La prothèse cardiaque : ....
- L'ESP ou correcteur électronique de trajectoire : ....
- La caméra miniature 3D : ....
- L'éolienne : ....
- Le palier magnétique : ....

3 Discutez en groupe autour de cette question : Quelle sera la place et le rôle de l'homme face aux machines dans l'usine du futur ?

LA SCIENCE ET LA RECHERCHE

Comprendre le monde qui nous entoure et tenter de l'améliorer pour mieux servir la société, c'est l'objectif de la recherche. Dans différents domaines (santé, biologie, physique, archéologie, sociologie, mathématiques...), le chercheur sonde le réel dans ses moindres détails pour mieux en comprendre les mécanismes et explorer de nouvelles pistes de recherche.

On parle de R&D, « Recherche et Développement » pour la recherche appliquée, celle qui vise à trouver des solutions à des problèmes précis (par exemple, corriger l'effet secondaire d'un médicament). La recherche fondamentale s'intéresse à la compréhension des phénomènes naturels par l'expérimentation (par exemple, comprendre comment une maladie évolue). L'une et l'autre se répondent, et chacune s'effectue dans des organismes publics ou des entreprises.

Les chiffres de l'emploi

400 000, c'est le nombre d'emplois liés à la recherche, 60 % à l'intérieur d'entreprises et 40 % dans le secteur public. Les métiers concernés : chercheurs, ingénieurs, techniciens, postes administratifs.

Source : Ministère de l'enseignement supérieur et de la recherche, 2017.

Entreprise 1 > Eligo Bioscience

L'antibiotique du futur

Saviez-vous que les infections causées par des bactéries résistantes aux antibiotiques pourraient entraîner plus de 10 millions de morts par an à l'horizon 2050[1] ? C'est pour lutter contre ce problème qu'Eligo, start-up française créée en 2014, a inventé « l'antibiotique intelligent ». Son principe ? Détruire les bactéries en ciblant leur ADN ! Une solution encore à l'état de test, mais qui pourrait révolutionner certains traitements. D'abord hébergée par l'Institut Pasteur, grand centre de recherche public, l'entreprise a rejoint le cluster Paris Biotech Santé de l'Hôpital Cochin à Paris.

www.eligo.bio

1. Source OMS

Entreprise 2 > Le groupe Seb

La recherche pour inventer les ustensiles de demain

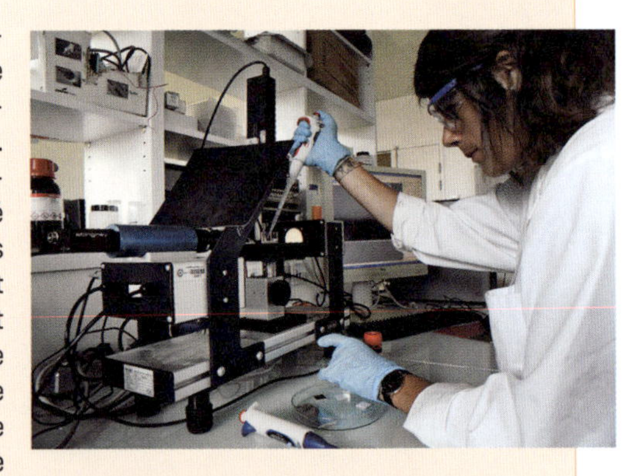

Derrière une casserole peut se cacher un concentré de technologie. Améliorer la résistance et l'efficacité de certains articles de cuisine, c'est l'objectif que s'est donné le groupe Seb, qui possède la célèbre marque de poêle Tefal. Le groupe d'électroménager a décidé de s'associer avec un laboratoire de recherche public, appartenant au CNRS[1] et à l'université Lyon. Ensemble, ils ont créé un laboratoire commun qui permet de croiser leurs compétences. Ce type de démarches étant de plus en plus développé par les entreprises, les chercheurs sont amenés à changer leur façon de travailler en lien avec les entreprises.

www.groupeseb.com/fr

1. Centre National de la Recherche Scientifique.

Entreprise 3 > L'Arbre des Connaissances

Une association pour rapprocher les jeunes de la recherche

Créée en 2004, cette association permet notamment à des binômes collégien/lycéen de mener un petit projet de recherche dans un véritable laboratoire.

www.arbre-des-connaissances-apsr.org

Entreprise 4 > Science Animation

Au service de la vulgarisation scientifique

Association créée en 1984 à Toulouse, Science Animation réunit chercheurs et experts pour produire des jeux, des expositions et autres supports de vulgarisation des sciences, au sein de musées par exemple.

www.science-animation.org/fr

Notre conseil

N'hésitez pas à participer à la Fête de la Science, organisée chaque automne, début octobre ! Visitez des laboratoires, rencontrez des chercheurs et participez à des expériences. De quoi déclencher une vocation ?

À vous de jouer !

1 Cherchez le nom de trois centres de recherche présents dans votre région. Citez une entreprise qui possède un laboratoire de R&D. Décrivez son domaine d'activité.

....

....

....

....

....

....

2 À partir de cette vidéo, donnez une définition de ce métier. Listez le niveau de diplôme et les qualités requises.

Vidéo — Portrait métier — hatier-clic.fr/ori017

- enseignant.e-chercheur.se : ....

....

....

....

....

....

....

3 ENTREPRISE 3

Site web — Arbre des Connaissances — hatier-clic.fr/ori018

À quoi renvoie le JAD, imaginé et conçu par l'association L'Arbre des Connaissances ? Sur quelles thématiques porte-t-il ?

....

....

....

....

....

....

ENSEIGNER, former, accompagner

Changer, voire révolutionner la manière d'apprendre pour les élèves, faciliter le travail des enseignants, rendre les cours plus ludiques et participatifs, favoriser l'accès à l'éducation à un plus grand nombre d'élèves grâce aux nouvelles technologies... Tels sont les nombreux chantiers et défis auxquels doit faire face l'éducation.

Un nouveau secteur est apparu, l'EdTech (*Education technologies*, en anglais). En plein développement en France, mais aussi partout dans le monde, ce domaine d'activités regroupe des entreprises spécialisées dans l'éducation. Les entreprises utilisent le numérique pour faire évoluer les pratiques en classe ou après la classe : web, formation en ligne, applications, logiciels, réseaux sociaux, intelligence artificielle, etc. L'ensemble de ces supports numériques de cours s'appelle le « digital learning ».

Les entreprises de l'EdTech au service de l'école

La France compte 387 entreprises dans le domaine de l'EdTech[1]. Elles proposent de nombreuses solutions ou services : outils de gestion à destination des écoles ou des universités, modules numériques pour enseigner sous forme de MOOC, cours en ligne, exercices pédagogiques ludiques (avec des quizz et des vidéos) et former aux compétences numériques, techniques ou académiques. Ces entreprises proposent aussi des services aux familles et aux étudiants, sous forme d'aide à l'orientation par exemple.

1. Source : Observatoire des EdTech.

Entreprise 1 > Chemins d'avenir

Pour les jeunes issus du monde rural et des périphéries

Créée par une jeune femme de 27 ans en 2016, cette association a pour ambition d'aider collégiens et lycéens des zones rurales et des petites villes à mieux s'orienter. Pour cela elle tient compte des questions et difficultés liées à leur isolement géographique. Chemin d'avenir lutte ainsi contre les inégalités territoriales.

www.cheminsdavenirs.fr

Entreprise 2 > OpenClassrooms

Une formation tout au long de la vie

Créée en 2013, cette société propose aux adultes de se former via des parcours diplômants en ligne (informatique, design, marketing, etc.). Une façon d'être à la page, en se formant, tout au long de sa vie, de façon autonome dans des domaines qui évoluent très rapidement ! L'une de ses spécificités : proposer des mentors issus du monde professionnel.

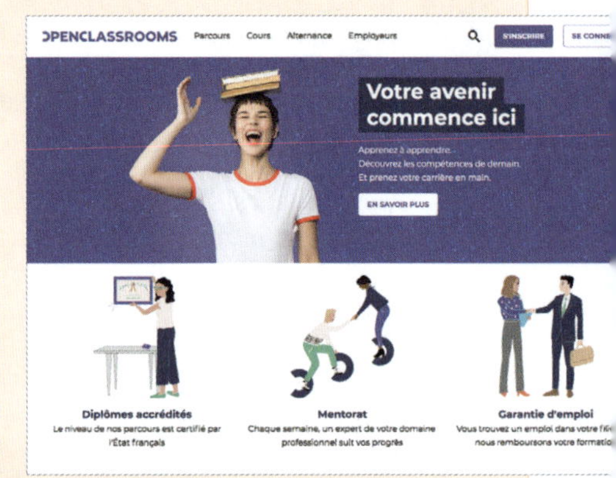

www.openclassrooms.com/fr

Entreprise 3 > Le Smartsitting

Le baby-sitting qui valorise les étudiants

La garde d'enfants « créative », vous connaissez ? La start-up Le Smartsitting met en relation étudiants et parents en recherche de baby-sitters. Les enfants passent des moments créatifs ou d'apprentissage, en découvrant des langues, des arts plastiques ou de la musique grâce aux talents des étudiants baby-sitter qui transmettent leur passion ! Une formation à la pédagogie Montessori permet également aux étudiants de progresser dans leur lien avec les enfants.

www.lesmartsitting.fr

Notre conseil

Tous les secteurs professionnels sont traversés par l'innovation. Repérez dans votre établissement ce qui bouge et devenez un élève actif, fier de participer à l'évolution de son lycée.

À vous de jouer !

1 À l'aide du site de l'Observatoire des EdTech, citez deux entreprises françaises d'aide à l'orientation. En connaissez-vous d'autres ?

2 Aimeriez-vous apporter une innovation dans votre lycée ? Par groupe de trois, et en vous appuyant sur les questions suivantes, réfléchissez à une idée de projet en lien avec l'apprentissage :

- Quels sont vos souvenirs d'apprentissages les plus heureux ?

- Comment pourriez-vous vous en inspirer ?

- Que manque-t-il dans votre lycée (communication, ambiance, diversité des pratiques, sorties, expositions, journal, etc.) ?

3 Identifiez des personnes ressources auprès de qui vous pourriez soutenir votre idée de projet (enseignants, délégués, parents d'élèves, personnel, association, etc.).

Vous aimez faire bouger les choses ?

Chap. 3, p. 48-49, Travailler pour un projet plus grand que soi

JE PRÉSENTE UN PROJET D'ENTREPRISE

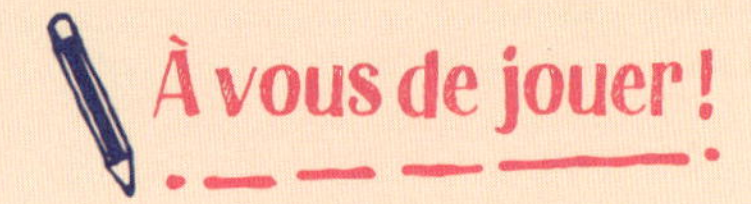

À partir des exemples précédents, ou en créant vous-même un projet dans un domaine qui vous intéresse, rédigez une fiche projet à partir des 10 points suivants. Puis présentez le projet choisi. N'oubliez pas d'ajouter des visuels pour animer votre présentation.

Fiche d'identité de l'entreprise

1. Nom de l'entreprise ....
2. Son logo. Ajoutez un ou plusieurs visuels.

LOGO

3. Quelle est sa mission principale ? Elle est souvent présentée sous le logo ou en page d'accueil du site de l'entreprise. ....
4. À quel(s) secteur(s) l'entreprise appartient-elle ? p. 24-25 ....
5. Quels sont les principaux métiers exercés ? Reliez-les à des actions précises. ....
6. Quels services produit-elle ? ....
7. Quelle est sa clientèle ? À qui ses services s'adressent-ils ? ....
8. Sur quel(s) territoire(s) travaille-t-elle ? (France, Europe, monde) ....
9. Quelle est sa taille ? p. 26 ....
10. Quelles valeurs met-elle en avant ? ....

Chapitre 3

S'ORIENTER À TRAVERS LES MÉTIERS

Quels métiers me font rêver ? Que disent-ils de moi, de mes goûts ? Existe-t-il d'autres métiers que je ne connais pas encore ? Réfléchir à son orientation, à travers des choix de métiers, a quelque chose de rassurant. Pourquoi ? Parce que cela permet d'imaginer et de se projeter dans un univers professionnel, et de choisir le parcours d'études qui y mène. Mais comment choisir un métier, alors qu'une grande partie d'entre eux seront amenés à disparaître ou à changer d'ici 2030, dit-on ? Pas de panique ! Nous vous proposons de réfléchir dans un premier temps aux métiers qui existent déjà, et de réfléchir à leur utilité. Nous vous aiderons ensuite à découvrir des nouveaux métiers et des compétences attendues au XXIe siècle pour faire face à l'évolution aujourd'hui rapide des métiers.

CE CHAPITRE VOUS PERMETTRA DE :

- **découvrir les métiers qui vous attirent**, ceux qui vous font envie, et a contrario, ceux qui sont le plus éloignés de ce que vous souhaitez faire ;
- **vous poser des questions sur les différentes façons de travailler à l'intérieur d'une entreprise** et les compétences pour lesquelles vous devrez vous former, avant de vous insérer dans le monde professionnel ;
- **développer votre curiosité et votre créativité** pour aller au-devant de projets aussi passionnants qu'enthousiasmants.

Écrivez ici la phrase ou la citation qui vous aidera à avancer

Ma boîte à citations, p. 95

1 J'identifie les MÉTIERS QUI ME

Agriculteur.rice • Maraîcher.ère • Botaniste • Agronome • Biologiste • Bio-informaticien.ne • Chargé.e de mission développement durable • Ingénieur.e en énergie renouvelable • Techncien.ne forestier • Physicien.ne • Ingénieur.e automobile • Ingénieur.e BTP • Conseiller.ère en efficacité énergétique • Urbaniste • Électricien.ne • Architecte • Paysagiste • Designer.euse d'intérieur • Artisan • Plombier chauffagiste • Conducteur.rice de travaux • Ingénieur.e de travaux • Entrepreneur.e • Boulanger.ère pâtissier.ère • Cuisinier.ère • Charcutier.ère traiteur • Œnologue • Couturier.ère • Journaliste • Blogueur.euse • Scénariste • Community manager • Chef.fe de produit marketing • Attaché.e de presse • Chargé.e de communication • Guide animateur.rice • Organisateur.rice de salons • Interprète • Photographe • Designer.euse game designer • Illustrateur.rice Webdesigner.euse • Styliste • Artiste • Technicien.ne de scène • Régisseur.euse • Chargé.e de production • Bibliothécaire • Professeur.e • Chercheur.euse • Éditeur.rice • Libraire • Documentaliste • Éducateur.rice de jeunes enfants • Orthophoniste • Médecin généraliste • Chirurgien.ne • Kinésithérapeute • Psychomotricien.ne • Infirmier.ère • Sage-femme • Auxiliaire de vie • Gériatre • Pharmacien.ne • Assistant.e social.e • Dentiste • Diététicien.ne • Coach • Psychiatre • Psychologue • Assistant.e manager • Acheteur.euse industriel.le • Chargé.e commercial.e • Vendeur.euse • Créateur.rice d'entreprise • Chargé.e de comptes clients • Chargé.e de mission RH • Responsable RSE • Juriste • Comptable • Assitant.e de gestion • Banquier.ère • Data scientist • Développeur.euse front-end/back-end • Ingénieur.e informatique • Growth hacker • Ingénieur.e électronicien.ne • Expert.e en sécurité informatique • Ingénieur.e réseau • Conseiller.ère en robotique • Expert.e en intelligence artificielle • Avocat.e • Notaire • Juge • Agent.e immobilier.ère • Gérant.e de boutique • Policier.ère • Agent.e de sécurité • Militaire • Commissaire • Climatologue • Guide de haute montagne • Cordiste • Pilote de ligne • Technicien.ne supérieur.e d'aviation • Skipper • Archéologue • Sportif.ve professionnel.le • Animateur.rice de recyclerie

Ajoutez les métiers que vous souhaitez :

....	....	....

Sources : annuaire des métiers, site *L'Étudiant* ; les métiers par secteur, site de *L'Onisep* ; *Des métiers, Mon métier*, éditions Nathan/Onisep, 2012 ; Le guide *Phosphore 2018 des idées de métiers*, éditions Bayard.

PLAISENT

Notre conseil

Efforcez-vous de choisir au moins 10 métiers par lesquels vous vous sentez un peu attiré.es. Il ne s'agit pas de trouver ici votre futur métier, mais d'indiquer spontanément vos goûts et vos préférences. Si vous hésitez sur certains métiers, surlignez-les et revenez-y plus tard.

1 Lisez la liste des métiers, à voix haute si c'est plus facile pour vous, et classez-les en deux catégories : entourez ceux qui vous plaisent et barrez ceux qui ne vous attirent pas ou qui ne sont pas faits, a priori, pour vous.

2 Concentrez-vous sur la liste des métiers que vous n'aimez pas.
Expliquez brièvement pourquoi vous les avez rejetés.

....

....

Notre conseil

L'objectif de cet exercice n'est pas de vous inciter à ranger les métiers par secteurs d'activités, mais de créer des liens personnels entre les métiers. Cela vous permettra de comprendre « pourquoi » vous êtes attiré.es par ce type de métiers et de dévoiler vos goûts et vos envies.

3 Revenez à la liste des métiers qui vous intéressent. Regroupez les métiers qui, selon vous, ont des points communs. Classez-les dans des sous-ensembles thématiques (par exemple, métiers manuels, métiers où l'on doit voyager, métiers de contacts, etc.) en prenant soin d'utiliser vos propres mots-clés, pour donner du sens à vos choix !

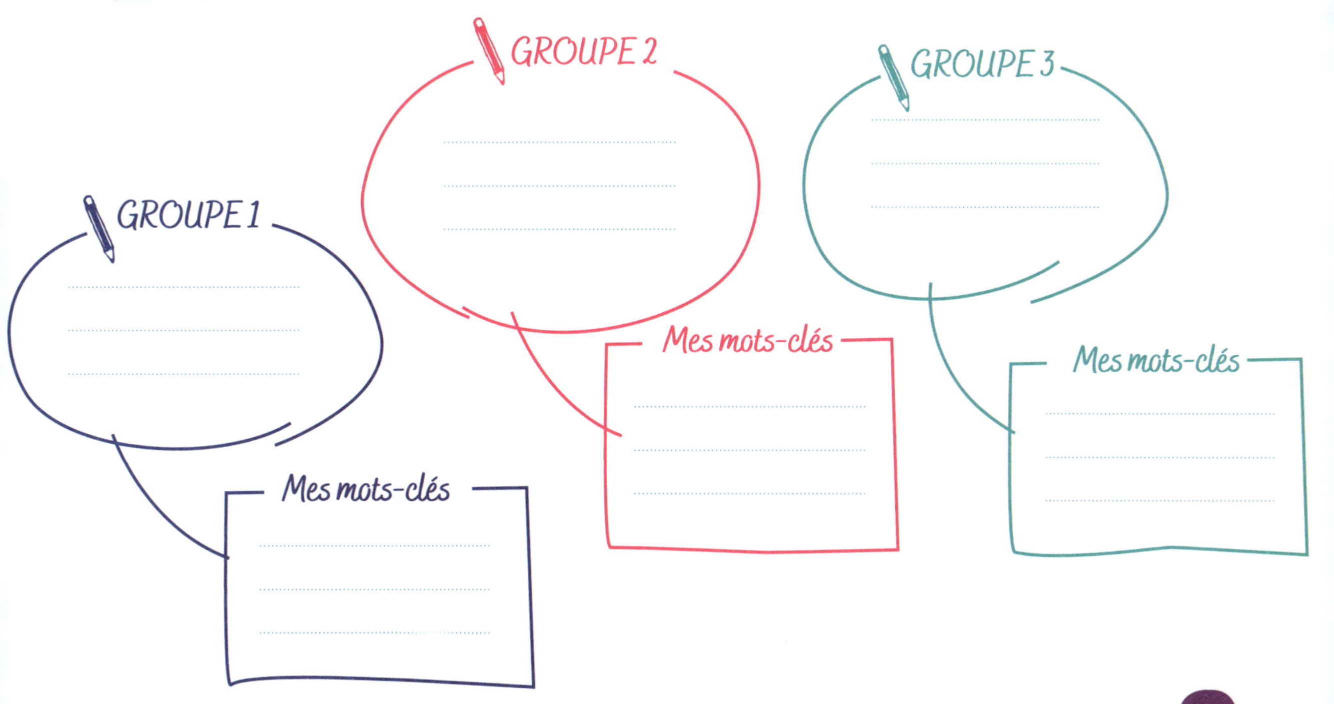

2 Pourquoi devrais-je TRAVAILLER ?

Pourquoi faut-il travailler ? Vous vous êtes probablement déjà posé.e au moins une fois la question au cours de votre scolarité. Celles et ceux qui cherchent un travail se la posent également avec des enjeux différents : pourquoi dois-je travailler, pour qui, comment ?

→ « Qu'est-ce que le travail ? »

Doc 1 > Pour qui travaille-t-on ?

- **Pour la fonction publique :** un corps de l'État, un ministère ou un service associé (école, hôpitaux, police, armée...).
- **Pour une entreprise privée :** une microentreprise, une TGE (très grande entreprise), une PME (petite et moyenne entreprise), une ETI (entreprise de taille intermédiaire), une start-up (une entreprise qui démarre). Chap. 2, p. 26-27, Qu'est-ce qu'une entreprise ?
- **Pour une association, une ONG :** parce que l'on souhaite s'engager dans un métier ou un projet répondant à une grande cause. Chap. 3, p. 50-51, S'engager dans un projet plus grand que soi
- **Pour soi :** la part des travailleurs qui s'installent à leur compte va probablement fortement augmenter dans les années à venir !

Doc 2 > Pourquoi travaille-t-on ?

Pour gagner sa vie avant tout, pour être utile aux autres, s'occuper, être reconnu.e, ou encore pour être en accord avec ses valeurs... Ou, tout simplement, parce que ce travail vous plaît ! Chap. 3, p. 42-43, J'identifie les métiers qui me plaisent

Doc 3 > Quand travaille-t-on ?

En **journée**, en **soirée** ou le **week-end**... mais aussi quelques mois par an, à temps plein ou à temps partiel ? Chaque professionnel travaille en fonction des besoins du client ou de la personne qui l'emploie. La façon de travailler varie également d'une entreprise à l'autre. Choisir sa façon de travailler est un avantage dans le monde du travail. Chap. 3, p. 46-47, Comment vais-je travailler demain ?

Doc 4 > Dans quel secteur ou domaine d'activités ?

Il existe une trentaine de **secteurs d'activités** professionnelles. Ils sont plus nombreux encore si on les classe par famille de **métiers**. Il est important de bien choisir le domaine dans lequel vous vous sentirez bien et avec lequel vous aurez des affinités, en termes de missions ou de métiers. Chap. 2, p. 24-25, Je repère les différents secteurs d'activités

À vous de jouer !

Et vous, pourquoi travaillerez-vous ?
Répondez individuellement aux questions.
Débattez-en ensuite, en groupe ou en classe.

1 Que signifie le mot « travailler » ?

2 DOC 1. Pour quel(s) type(s) d'entreprises aimeriez-vous travailler plus tard ? Pourquoi ?

3 DOC 2. Pour quelle(s) raison(s) allez-vous ou avez-vous envie de travailler ? Quel sera votre moteur principal ? Discutez-en en groupe.

4 DOC 3. Il existe différentes manières de travailler. Aimeriez-vous être salarié.e ou préféreriez-vous travailler en indépendant.e (à votre compte) ? Si vous ne savez pas encore, Chap. 3, p. 46-47 pour découvrir 11 nouvelles façons de travailler.

5 DOC 4. En vous appuyant sur la présentation des différents secteurs d'activités p. 24-25, choisissez trois secteurs dans lesquels vous aimeriez travailler. Classez-les ensuite par ordre de préférence. Et expliquez, pour chacun d'eux, ce qui vous attire.

- Ma préférence :
- Mon second choix :
- Le secteur qui pourrait m'intéresser aussi :

3 Comment vais-je TRAVAILLER DEMAIN ?

Le rapport au travail a beaucoup évolué avec l'arrivée des nouvelles générations – dont vous faites partie. Une enquête, réalisée en 2017 par l'entreprise Accenture, révélait que **seul un jeune diplômé sur 4 souhaitait travailler dans une grande entreprise** ! Une autre enquête, parue dans la revue *Management*, montre que les salariés ne seraient plus que **3 actifs sur 5 à travailler dans un bureau fermé**. Peut-être de quoi faire évoluer votre regard sur le monde de l'entreprise ? Les attentes des nouvelles générations vis-à-vis de l'entreprise sont aujourd'hui beaucoup plus fortes. Vous souhaitez donner **du sens** à votre travail et vous rendre **utile** à la société ? Vous détestez vous ennuyer... et vous avez envie que ça bouge ? Voici les 11 nouvelles façons de travailler en lien avec l'entreprise.

L'homme et la machine

50 % des salariés travaillant avec un robot ou assistant virtuel se disent très satisfaits, contre 32 % de ceux qui ne travaillent pas avec un robot.

Sources CISCO 2018.

Besoin d'un coup de pouce ?

Vous pouvez vous aider d'Internet ou faire travailler votre imagination. Quand vous aurez fini de chercher, consultez les descriptifs du Doc+.

→ 11 nouvelles façons de travailler au XXIe siècle

Flashcards

hatier-clic.fr/ori020

1 En télétravail

....

....

2 En espaces ouverts (en entreprise)

....

....

3 En coworking

....

....

4 Dans un incubateur (en dehors de l'entreprise)

....

....

5 En freelance

....

....

Qui sont les « Millenials » ?

L'appellation « Millenials » est apparue au tournant du XXIe siècle pour signifier que les nouvelles générations n'avaient plus le même comportement ou les mêmes attentes que leurs parents :

- la « génération Y », qui a aujourd'hui entre 25-34 ans, a été décrite comme une génération connectée et impatiente ;
- la « génération Z », les actuels 18-24 ans, est appelée « Génération 2.0 », parce qu'elle passe, dit-on, beaucoup de temps sur son téléphone ;
- la « génération Alpha », née à partir de 2002, est toujours aussi connectée, mais avec un attachement très fort aux valeurs sociales et traditionnelles.

6 **En temps partagé** (en temps partiel)

7 **En réseau collaboratif**

8 **En co-création**

9 **Avec un robot**

10 **En tribu**

11 **Virtuellement**

Source : Catégories de travail extrait d'un article paru en 2018 dans la revue *Management*.

À vous de jouer !

1 Créez des groupes de 4 ou 5 élèves. Chaque groupe choisit une façon de travailler, puis tente de la définir en quelques phrases ou en images. Regroupez vos réponses en les présentant à la classe. Vous pouvez aussi les poster sur le « mur de la classe ». Quelle conclusion en tirez-vous ? À votre avis, le monde du travail est-il en train d'évoluer ?

2 Vous sentez-vous proches des attentes de la génération Z ? Portez-vous des valeurs et des combats différents ?

Doc+
Nouvelles générations
hatier-clic.fr/ori021

3 Invitez un.e professionnel.le dans votre classe et posez-lui des questions sur sa façon de travailler, seul.e ou en équipe.

Chap. 5, p. 88-89, Apprendre à poser des questions à un.e professionnel.le

4 Comment savoir si ce métier est

Comment savoir si le métier auquel vous pensez est fait pour vous... alors que vous êtes encore lycéen.ne et que votre expérience du monde professionnel se limite à votre stage de Troisième ? La méthode Ikigaï a été inventée pour vous aider à vous poser des questions essentielles. Ce schéma devrait vous aider à trouver le métier qui vous attire. Découvrez-le !

FAIT POUR MOI ?

Notre conseil

Vous avez deux façons d'aborder ce schéma :
- *soit vous le complétez en pensant à un métier, puis vous vérifiez que ce métier correspond à chacun des critères présentés ;*
- *soit vous ne savez pas encore quel métier vous souhaitez faire, mais vous pouvez essayer de répondre aux questions pour vous mettre sur la bonne voie.*

D'où vient la méthode Ikigai ?

Ikigaï est un art de vivre qui vient de l'île Okinawa, située au Japon. On raconte que sur cette île les personnes vivent très longtemps et y sont très heureuses car elles ont trouvé leur « ikigaï », c'est-à-dire ce qui leur donne envie de se lever de bonne humeur tous les matins. Cet ikigaï, ou raison de vivre, peut évoluer à chaque étape de votre vie.

Besoin d'un coup de pouce ?

Vous avez du mal à répondre aux questions qui vous sont posées ? Voici quelques points d'appui que vous trouverez dans votre cahier.

- QUESTION 1 : Pour savoir qui vous êtes et ce qui vous plaît Chap. 5, p. 76-77. Croisez-le avec ce qui vous attire dans ce métier.
- QUESTION 2 : Pour dire de ce que vous aimez faire, réalisez l'activité 2 Chap. 5, p. 78.
- QUESTION 3 : Comment trouver un métier utile à la société ? Découvrez des projets qui vous permettent de répondre aux grands défis de la société Chap. 3, p. 48-49, **Travailler pour un projet plus grand que soi.**
- QUESTIONS 4 et 5 : Comment allez-vous vous insérer dans le monde du travail ? Pour quel(s) type(s) d'entreprises ou de projets aimeriez-vous travailler ? Chap. 2, p. 21, **Découvrir le monde de l'entreprise** Chap. 3, p. 42-45, **Pourquoi devrais-je travailler ? Comment vais-je travailler demain ?**
- QUESTION 6 : Pourrais-je accéder au métier qui me fait rêver ? Ce métier existe-t-il ? Pourrais-je en vivre ? Le métier auquel vous pensez n'existe pas encore, inventez-le ! Chap 3, p. 52-53.

1 Choisissez un métier qui vous attire en vous aidant de la liste p. 40. Complétez le schéma en vous aidant des 6 questions.

2 Avez-vous trouvé le métier qui vous rendra heureux.euse ?

Je rêve de devenir : ....

....

....

....

....

....

....

....

3 Présentez le résultat de votre recherche à une personne de votre choix. 

5 Travailler pour un PROJET PLUS

Pour faire face à leur difficulté à embaucher de nouveaux talents, les entreprises ont voulu comprendre ce que les nouvelles générations, âgées de 18 à 35 ans, recherchaient. Surprise ! Ces nouvelles générations – dites ultra connectées – placent les valeurs au cœur de leurs exigences au moment de choisir un emploi. Plus que le salaire et les responsabilités, c'est le sens donné à leur travail qui est déterminant pour elles. À vous de réfléchir au sens que vous souhaitez donner à votre travail.

Site web
17 ODD de l'ONU
hatier-clic.fr/ori022

17 objectifs pour un monde meilleur

Ce document, élaboré par l'ONU (Organisation des Nations Unies), propose 17 objectifs qui visent à sensibiliser les nouvelles générations aux problématiques mondiales.

1 Choisissez un objectif qui vous touche personnellement. Lisez le document « 169 cibles fixées par l'ONU » et détaillez au moins 5 sous-objectifs qui permettraient de se rapprocher de cet objectif global.

Site web
169 cibles fixées par l'ONU
hatier-clic.fr/ori023

1. ....
2. ....
3. ....
4. ....
5. ....

2 Réunissez-vous par groupe de 4 ou 5 élèves autour d'un objectif commun. En vous appuyant sur le site de l'ONU, faites le point sur les actions déjà mises en œuvre, à travers le monde, pour y répondre. Quels projets pourriez-vous réaliser à votre échelle ?

Site web
Projets réunis par l'ONU
hatier-clic.fr/ori024

3 Présentez votre projet collectif à la classe ou au groupe afin de sensibiliser le plus grand nombre de personnes à la cause qui vous tient à cœur (vous pouvez dénoncer des inégalités et donner des moyens d'agir pour lutter contre elles…).

Êtes-vous une personne engagée ? p. 94

GRAND QUE SOI

S'engager quand on est lycéen.ne

Selon une enquête[1] réalisée en 2018, 70 % des jeunes souhaitent s'investir dans un projet solidaire, mais seulement 15 % passent à l'action. De nombreuses possibilités s'offrent pourtant pour ceux qui souhaitent s'engager :

- les associations de quartier,
- les missions de service civique,
- les gestes citoyens au quotidien,
- les actions citoyennes au sein du CVL (Conseil de la vie lycéenne), de la MDL (Maison des lycéens).

1. Sources Fondation Chanel, 2018.

Jeunesses de tous les pays, unissez vos forces !

Un groupe de jeunes citoyens engagés a rassemblé des projets visant à donner plus de visibilité aux actions citoyennes déjà mises en place à travers le monde. Cela permet à tous ceux et celles qui souhaitent les rejoindre ou les soutenir de passer à l'action !

Site web
Youth solution Hub (en anglais)
hatier-clic.fr/ori025

6 Je découvre les COMPÉTENCES

La société bouge et les métiers aussi. De nouveaux métiers vont apparaître, même s'il est encore très difficile de les décrire. Ces changements nous obligent à adopter une attitude souple et créative pour nous adapter. Voici les compétences attendues par les entreprises, mais aussi par l'école du XXIe siècle !

Innovation et orientation

Vous avez découvert au chapitre 2 que l'innovation aide les entreprises à répondre aux attentes et aux besoins de leurs clients. Lorsqu'il s'agit de choisir un métier ou une filière, c'est pareil. Il faut garder les yeux grands ouverts pour capter ce qui change, découvrir les nouveaux métiers dont les entreprises auront besoin. Durant vos études, il vous faudra faire attention à développer les compétences utiles pour exercer votre futur métier. Vos professeurs seront là pour vous aider à mettre en œuvre et atteindre ces nouvelles compétences.

Les 7 nouvelles compétences clefs attendues par les entreprises au XXIe siècle

Culture numérique

Qualités relationnelles

Esprit critique

Créativité

Capacité à résoudre des problèmes

Esprit entrepreneurial

Adaptabilité

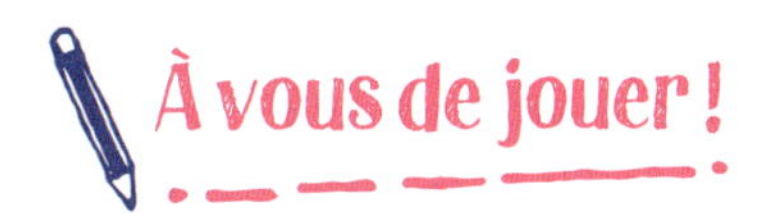

1 Observez le schéma des 7 compétences.
Donnez une définition personnelle pour chacune d'elles.
1. Pour moi, avoir l'esprit critique signifie : ....
2. ....
3. ....
4. ....
5. ....
6. ....
7. ....

2 Formez des groupes de 4 ou 5 élèves pour réfléchir au sens du mot « créativité ».
À quels moments et dans quels types de situations vous sentez-vous créatif.ve ? Rassemblez les mots qui vous viennent à l'esprit et partagez-les avec d'autres personnes.

3 Regardez la vidéo de Sophie Badie, chargée de création dans une entreprise qui produit des programmes d'animations pour la télévision. Comment parvient-elle à créer des émissions innovantes ?

Vidéo
Interview d'une chargée de création
hatier-clic.fr/ori026

4 Débattez en groupe à la façon dont vous pourriez utiliser votre créativité au service de votre orientation. Faites une séance de brainstorming sur la manière de construire vos projets d'orientation. Chap. 1, p. 3, Le lexique de l'orientation

5 **QUIZ : À quoi sert l'innovation ?**
Répondez individuellement aux questions, puis partagez vos réponses avec le groupe ou la classe.

L'innovation sert à :
- ❑ ne pas reproduire les mêmes erreurs ;
- ❑ gagner des parts de marché ;
- ❑ répondre aux grands défis du monde en inventant de nouvelles solutions ;
- ❑ imaginer et créer son métier (puisque 60 % des métiers auront changé d'ici 20 ans) ;
- ❑ rester agile face à un monde qui évolue sans cesse ;
- ❑ expérimenter des nouvelles façons de faire et de travailler.

Votre avis sur la question : ....

7 Je me projette dans les MÉTIERS

Comment choisir mon métier et orienter mes études alors que la société et les métiers sont traversés par de profonds changements ? Tous les métiers sont-ils amenés à changer ? Quels métiers vont disparaître ? Par quels métiers seront-ils remplacés ? On commence tout juste à découvrir à quoi ressembleront certains nouveaux métiers. Une seule solution pour y voir clair : rester curieux.se et ouvert.e sur les nouvelles tendances de la société.

1 Voici 8 métiers d'avenir. Trouvez la définition pour chacun des métiers.

Exo interactif
hatier-clic.fr/ori027

Data scientist · UX designer.euse · Growth hacker · Spécialiste en cyber sécurité · Développeur.se · Ingénieur.e en intelligence artificielle · Responsable RSE · Happiness officer

1. .... : c'est un.e spécialiste de l'ergonomie et du design qui améliore l'expérience des clients sur le Net.
2. .... : il/elle est chargé.e de développer des programmes informatiques pour des clients.
3. .... : il/elle est responsable de la qualité de la vie au bureau.
4. .... : il/elle analyse les données en possession de l'entreprise et les valorise.
5. .... : il/elle agit pour protéger les données confidentielles de l'entreprise.
6. .... : chercheur.e et informaticien.ne, il/elle met au point des programmes informatiques capables de réfléchir et d'effectuer des tâches exercées auparavant par des personnes.
7. .... : il/elle est chargé.e d'organiser la stratégie et les actions de l'entreprise dans le domaine environnemental, social et économique.
8. .... : il/elle traque les informations sur la Toile et interprète les données informatiques pour développer de nouveaux canaux de croissance.

2 L'Onisep a recensé « 5 métiers d'avenir » en lien avec différents domaines : l'écologie, la ville du futur, les services on-line. Allez sur le site et notez ces métiers. Qu'avez-vous retenu sur chacun d'eux ?

Doc+
ONISEP
hatier-clic.fr/ori028

- 5 métiers d'avenir 100 % écolo : ....
- 5 métiers d'avenir pour la ville : ....
- 5 métiers d'avenir totalement on-line : ....

3 La start-up PIXIS présente sur sa plateforme trois métiers en lien avec le développement durable. En quoi ces trois métiers répondent-ils à un objectif de développement durable Chap. 3, p. 48-49 ? Reliez-les à un secteur d'activités Chap. 2, p. 24-25.

Doc+
Définitions
hatier-clic.fr/ori029

- Développeur d'application mobile : ....
- Optronicien : ....
- Professeur : ....

DU FUTUR

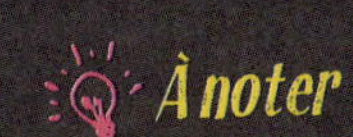

DEMAIN COMMENCE AUJOURD'HUI

Les chiffres varient d'une prédiction à l'autre, suivant les enquêtes. 30 à 60 % des métiers d'aujourd'hui devraient être remplacés par des nouveaux métiers à l'horizon 2030. L'évolution des métiers est en marche !

10 points à retenir sur les métiers d'aujourd'hui et de demain

1 Vous serez amenés à faire plusieurs métiers dans votre vie (entre 3 et 11 fois).

2 Dans les entreprises, on essaye de réduire l'écart entre les technologies utilisées par le grand public et les outils utilisés au travail. Les entreprises se modernisent moins vite que la société.

3 Des métiers vont disparaître, remplacés par des machines, d'autres qui n'existent pas encore vont apparaître, et la plupart de ceux qui existent aujourd'hui seront amenés à évoluer.

4 Il faut néanmoins relativiser les propos tenus sur les nouveaux métiers. Certains métiers seront surtout des évolutions et des transformations du métier d'origine.

5 Chaque métier demande à la fois une expertise technique et un savoir-être ou des compétences humaines.

6 L'innovation passe par des innovations technologiques, mais aussi par de nouvelles façons de travailler et des aptitudes nouvelles demandées aux travailleurs.

7 L'innovation, c'est à la fois faire du nouveau sur un axe technologique, et aussi faire mieux (produire plus vite, avec plus de sécurité, produire moins cher, par exemple).

8 Une innovation est censée apporter un mieux-être dans le travail et rendre certaines tâches moins pénibles.

9 La question de savoir si les innovations technologiques, tels que les outils d'intelligence artificielle, vont remplacer l'homme n'est pas nouvelle. Il faudra toujours des humains pour concevoir, construire et analyser les machines.

10 Autrefois, on demandait à un technicien d'être expert de son métier. Aujourd'hui, on lui demande de plus en plus de savoir bien communiquer, de travailler de façon autonome en prenant des responsabilités, de s'entendre avec les personnes avec qui il travaille, de s'exprimer clairement et de réfléchir en équipe à des solutions pour l'entreprise.

Propos recueillis auprès de Paul Louis Vincenti, responsable innovation d'Air France Industries KLM, janvier 2019.

À vous de jouer !

1 Essayez de reliez les 10 points avec les 7 compétences clefs attendues par les entreprises au XXIe siècle p. 50.

1. Le sens critique : ....
2. Le sens du relationnel : ....
3. La créativité : ....
4. La culture numérique : ....
5. Résoudre des problèmes : ....
6. Le sens de l'entreprenariat : ....
7. L'adaptabilité : ....

2 Découvrez les 21 métiers du futur décrits par une agence anglaise. Appuyez-vous sur les questions posées pour organiser un tour d'exposés collectifs et présenter la totalité des 21 métiers. N'hésitez pas à présenter ces métiers en anglais !

Doc+
21 métiers du futur (en anglais)
hatier-clic.fr/ori030

3 Quels sont les métiers qui selon vous existeront bientôt, ceux qui existent déjà et ceux qui pourraient exister à l'horizon de 2030 ?

8 J'invente MON FUTUR MÉTIER

Nous avons interrogé la start-up Pixis For all qui organise des ateliers pour aider les collégiens et les lycéens à choisir un métier qui les inspire. Son fondateur, Borna Scognamiglio, rappelle les principes d'un choix de métier porteur de valeurs : il doit avoir un sens pour vous, se rapprocher de vos talents et de vos valeurs, mais il doit aussi être utile aux autres et à la société, à l'échelle française et à l'échelle mondiale. La start-up s'appuie pour cela sur les 17 objectifs définis par l'ONU p. 48-50.

Et si le métier qui permet de répondre aux défis de la société n'existe pas encore, alors inventez-le, vous suggère Pixis !

Le conseil de Pixis For all pour choisir son projet

Il est indispensable de partir des besoins de la société… Sinon, on court le risque de se tromper en réfléchissant à des métiers qui n'auront pas beaucoup d'utilité et qui seront peu répandus. Il est donc essentiel de se tenir informer, de connaître les tendances de la société et de lire des articles pour trouver des idées inspirantes. On peut encore rencontrer sur le terrain des professionnel.le.s qui vous expliqueront comment leur métier évolue.

Doc+
Ateliers Pixis
hatier-clic.fr/ori031

1 Lisez le compte rendu de l'atelier « Imagine ton métier en 2030 », organisé par les élèves du collège Beauregard de Burie. Citez les 5 métiers inventés par les élèves. Reliez-les aux objectifs de l'ONU et expliquez en quoi ils contribuent à rendre le monde meilleur.

1. .... objectif de l'ONU n° ......
2. .... objectif de l'ONU n° ......
3. .... objectif de l'ONU n° ......
4. .... objectif de l'ONU n° ......
5. .... objectif de l'ONU n° ......

2 Imaginez que vous êtes en l'an 2050. Le numérique a permis de nombreuses inventions et des progrès pour l'homme.

À quoi ressembleront, selon vous, ces métiers ?

- Le métier de boulanger en 2050 ressemblera à : ....
- Le métier d'enseignant en 2050 ressemblera à : ....
- Le métier de techncien.ne de maintenance dans l'industrie (automobile, éolienne, sidérurgie, etc.) ressemblera à : ....
- Choisissez un autre métier et transportez-le en 2050 ! ....

3 À vous d'inventer votre futur métier p. 46 !

- Je souhaite répondre aux besoins de la société : ....
- Mon métier permettra de : ....
- Je me servirai des compétences : ....

→ Ce métier pourrait s'appeler : ....

Chapitre 4

CONSTRUIRE SON PARCOURS D'ÉTUDES

Comment construire mon parcours d'études, au sein de mon lycée, et ensuite dans l'enseignement supérieur ? En fonction de quels critères : le contenu des enseignements ? Mes notes ? Mon projet d'orientation ? Qu'attendra-t-on de moi dans l'enseignement supérieur ? Comment accéder aux formations qui m'intéressent ? Que font les autres étudiant.es après le Bac ? Comment utiliser Parcoursup pour déposer mes vœux ? Prenez le temps d'y réfléchir et suivez les conseils de ce chapitre.

DANS CE CHAPITRE, NOUS VOUS AIDERONS À :

- **découvrir les enseignements de spécialité** pour la Première et la Terminale afin de choisir votre parcours d'études ;
- **organiser vos recherches,** de façon individuelle et collective, autour des filières d'études qui vous intéressent ;
- **vous familiariser avec le fonctionnement de Parcoursup**, dès la Seconde, afin de vous y préparer à l'avance et motiver vos choix.

Écrivez ici la phrase ou la citation qui vous aidera à avancer

Ma boîte à citations, p. 95

1 Je personnalise MON PARCOURS

→ Je choisis mes enseignements de spécialité dans la voie générale

En classe de Première, vous allez devoir suivre trois enseignements – dits de spécialité – pour n'en garder que deux en Terminale. Pour faire ce choix lors de votre année de Seconde, vous devrez réfléchir à votre projet d'études supérieures et aux matières qui vous plaisent… Mais pas seulement : il vous faudra réfléchir à comment développer votre curiosité tout comme votre culture générale ! Pour vous aider, voici un descriptif de ces spécialités.

Doc+
Présentation détaillée
hatier-clic.fr/ori032

❶ L'enseignement de spécialité Histoire-géographie, géopolitique et sciences politiques

Objectif – Cet enseignement permet de comprendre le monde passé et contemporain : les relations sociales, politiques, économiques et culturelles, tout en croisant des approches historiques et géographiques. On étudie les grandes questions historiques au niveau national et international à travers une vision politique.

Pour qui ? – Cette spécialité s'adresse aux élèves qui souhaitent acquérir une culture générale sur le monde qui nous entoure. Elle s'adresse à ceux qui souhaitent poursuivre leurs études en économie, sciences politiques, communication, relations internationales.

❷ L'enseignement de spécialité Humanités, littérature et philosophie

Objectif – Cet enseignement repose sur une solide formation dans le domaine des lettres, de la philosophie et des sciences humaines. On étudie les grandes questions culturelles à travers des œuvres (art, littérature, philosophie…) pour lesquelles une réflexion personnelle est demandée.

Pour qui ? – Cette spécialité s'adresse à tous les élèves qui souhaitent acquérir une solide culture humaniste en étudiant les enjeux de société, quel que soit leur poursuite d'études (sciences, arts, droit, économie, gestion, sciences politiques, médecine). Elle est particulièrement recommandée aux élèves qui veulent poursuivre des études de lettres et de philosophie, et s'engager dans les carrières de l'enseignement, de la culture et de la communication.

❸ L'enseignement de spécialité Langues, littératures et cultures étrangères

Objectif – Ils sont communs aux quatre langues vivantes étrangères (allemand, anglais, espagnol et italien) proposées en enseignement de spécialité. Cet enseignement prépare les élèves aux attentes de l'enseignement supérieur en langues vivantes, avec des objectifs culturels et linguistiques. Les lycées proposant cet enseignement ne le proposeront pas obligatoirement dans les quatre langues.

Pour qui ? – Cette spécialité s'adresse aux futurs spécialistes (linguistes, traducteurs…) mais aussi à ceux qui souhaitent approfondir leurs connaissances dans une langue, en maîtrisant des repères historiques et culturels.

SCOLAIRE

❹ L'enseignement de spécialité Littérature, langues et cultures de l'Antiquité

Objectif – Cette spécialité permet d'étudier les modes de vie et de pensée des Anciens. L'étude de leurs différences et de leur proximité avec le monde d'aujourd'hui est au programme : confrontation d'œuvres de la littérature grecque ou latine avec des œuvres modernes ou contemporaines, françaises ou étrangères.

Pour qui ? – Cette spécialité s'adresse aux élèves qui se destinent à des études littéraires, mais aussi à ceux qui envisagent un cursus scientifique, des études en sciences politiques ou économiques.

Cet enseignement vise à répondre aux questions qu'un élève d'aujourd'hui peut se poser sur lui-même, la société, le politique, les choix de civilisation, le monde et les grands enjeux contemporains.

❺ L'enseignement de spécialité Mathématiques

Objectif – Cet enseignement permet de développer le goût des mathématiques, maîtriser l'abstraction, développer des interactions avec d'autres enseignements de spécialité. Il prépare au choix des enseignements de la classe de Terminale : choix de l'enseignement de spécialité de mathématiques, éventuellement accompagné de l'enseignement optionnel de Mathématiques expertes, ou de l'enseignement optionnel de Mathématiques complémentaires.

Pour qui ? – Cette spécialité s'adresse aux élèves qui envisagent des études scientifiques, économiques et commerciales. Elle est recommandée pour les élèves qui souhaitent faire une classe préparatoire (commerce ou scientifique), une licence en sciences économiques à l'université ou encore préparer un BTS/DUT nécessitant un bagage mathématique.

❻ L'enseignement de spécialité Numérique et sciences informatiques

Objectif – Cet enseignement permet d'étudier les concepts et méthodes qui fondent l'informatique (dimensions scientifiques et techniques) et de travailler sur l'étude des données, les algorithmes, et les langages.

Pour qui ? – Cette spécialité est recommandée pour les élèves qui se préparent à des études dans lesquelles l'informatique est une matière majeure. Cet enseignement prolonge l'enseignement commun de sciences numériques et technologie de Seconde et l'algorithmique pratiquée en mathématiques.

❼ L'enseignement de spécialité Physique-chimie

Objectif – Cet enseignement permet d'acquérir des savoirs et savoir-faire dans les sciences expérimentales et leurs modes de raisonnement, notamment les sciences de l'ingénieur et les sciences de la vie et de la Terre. Il permettra aux élèves d'y appliquer des mathématiques ou de l'informatique, et d'aborder des questions citoyennes (responsabilité, sécurité, éducation à l'environnement et au développement durable).

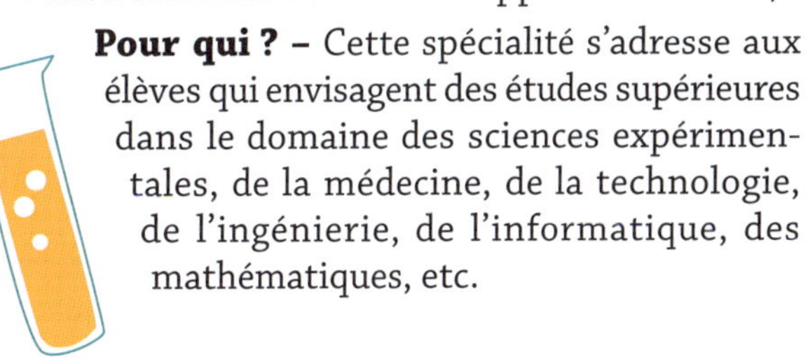

Pour qui ? – Cette spécialité s'adresse aux élèves qui envisagent des études supérieures dans le domaine des sciences expérimentales, de la médecine, de la technologie, de l'ingénierie, de l'informatique, des mathématiques, etc.

>>>

8 L'enseignement de spécialité Sciences de la vie et de la Terre (SVT)

Objectif – Cet enseignement permet aux élèves d'acquérir une culture scientifique assise sur les concepts fondamentaux de la biologie et de la géologie. Il propose de former leur esprit critique et leur éducation civique, en appréhendant le monde actuel et son évolution dans une perspective scientifique.

Pour qui ? – Cette spécialité est recommandée aux élèves qui choisiront une formation supérieure scientifique et les métiers où prédominent les SVT (biologie, médecine, agronomie...).

9 L'enseignement de spécialité Sciences de l'ingénieur

Objectif – Cet enseignement étudie l'ingénierie qui propose des solutions innovantes pour répondre aux besoins des personnes dans la vie quotidienne, en tenant compte des progrès scientifiques et technologiques. Les élèves seront sensibilisés aux enjeux sociaux, sociétaux et environnementaux, éthiques et responsables.

Pour qui ? – Cette spécialité, en complément des autres enseignements scientifiques, permet d'acquérir des compétences fondamentales à ceux qui souhaitent poursuivre vers les qualifications d'ingénieur. Les élèves y développent les compétences attendues pour une orientation vers l'enseignement supérieur scientifique.

10 L'enseignement de spécialité Sciences économiques et sociales

Objectif – Cet enseignement propose l'acquisition de concepts, méthodes et problématiques essentiels de la science économique, de la sociologie et de la science politique. Il permet d'aider les élèves à distinguer les démarches et les savoirs scientifiques de ce qui relève de la croyance ou du dogme. Il les aide également à participer au débat public sur les grands enjeux économiques, sociaux et politiques des sociétés contemporaines.

Pour qui ? – Cet enseignement s'adresse aux élèves qui souhaitent approfondir les thèmes abordés en Seconde. C'est un atout pour de nombreuses formations supérieures : classes préparatoires (économiques et commerciales, lettres et sciences sociales), formations universitaires d'économie et gestion, de droit, de science politique, de sociologie, de langues étrangères appliquées (LEA), d'administration économique et sociale (AES), instituts d'études politiques, écoles de commerce et management, écoles de communication et journalisme, etc.).

11 L'enseignement de spécialité Arts (Arts du cirque, Arts plastiques, Cinéma-audiovisuel, Danse, Théâtre, Histoire des Arts, Musique)

Objectif – Cet enseignement permet aux élèves de renforcer leurs connaissances culturelles et de pratiquer un art. Les élèves sont invités à réfléchir à leur rapport à l'art dans le contexte de la société contemporaine.

Pour qui ? – Ces spécialités s'adressent en priorité aux élèves intéressés par le domaine artistique qu'ils ont choisi. Elles s'adressent à ceux qui vont construire leur parcours d'études supérieures dans les métiers des arts et de la culture. Elles permettent de développer des compétences nécessaires à la réussite des élèves dans de nombreuses filières d'études.

12 Les enseignements de spécialité Biologie, écologie/ Mathématiques/Physique-chimie

En classe de Première dans les lycées d'enseignement agricole. En classe de Terminale, les services régionaux du ministère chargé de l'agriculture fixeront, en concertation avec les établissements, les binômes de spécialité (choisis parmi les 3 spécialités de Première).

Source : Bulletin officiel spécial n° 1 du 22 janvier 2019.

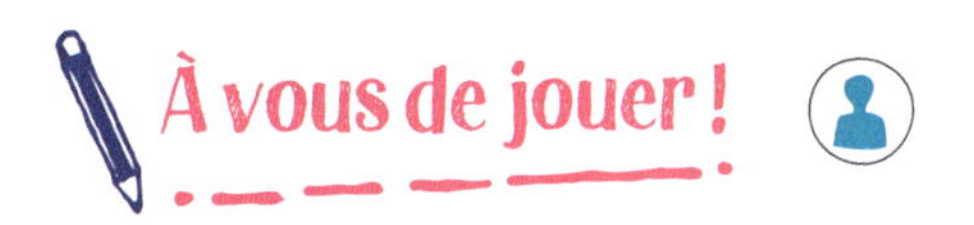

À la lecture des descriptifs, quels sont les enseignements de spécialité qui vous attirent ? Complétez les informations du tableau à l'aide des sites.

Site web
Eduscol, Éducation nationale
hatier-clic.fr/ori034

Enseignement de spécialité	Contenu des enseignements (Mots-clés)	Mes notes actuelles dans les matières enseignées	Ces matières me plaisent-elles ? ☺ ☹	Mon projet d'études	Lycée où est enseigné cette spécialité

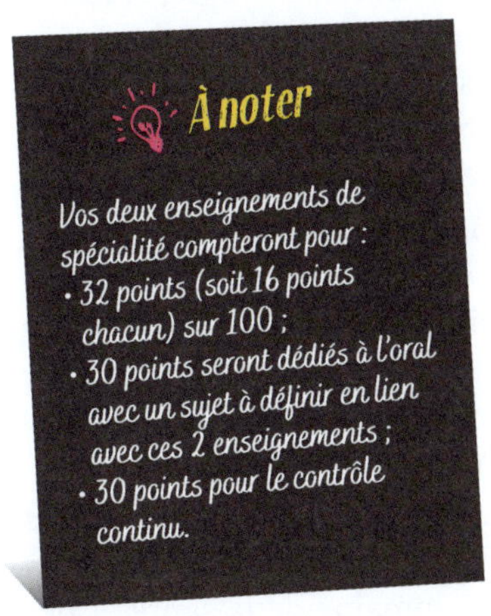

Conseil n° 1 **Réfléchissez bien au choix de vos spécialités !** N'hésitez pas à interroger les professeurs qui sont en charge de ces enseignements pour vous faire une idée plus précise et poser des questions.

Conseil n° 2 **Comment choisir mes enseignements de spécialité ?**
Le site de l'Étudiant et celui de l'Onisep ont mis au point un outil intéressant pour vous aider à choisir vos enseignements de spécialité en fonction des filières du supérieur que vous souhaitez intégrer. N'oubliez pas que certaines filières n'hésiteront pas à choisir des étudiant.e.s au profil hétérogène, voire atypique. Faites-vous plaisir !

→ Je choisis mon Bac technologique, puis mes enseignements de spécialité

▶ STMG : Sciences et technologies du management et de la gestion

Les 3 spécialités de Première sont : **sciences de gestion et numérique** ; **management** ; **droit et économie**. Les 2 spécialités de Terminale sont : **droit et économie** ; **management**, **sciences de gestion et numérique** avec un enseignement spécifique (choisi parmi : gestion et finance ; mercatique ; ressources humaines et communication ; systèmes d'information et de gestion).

Objectif – Ce Bac est centré sur les Sciences de gestion (principes généraux de gestion des organisations), l'économie et le droit, le management (fonctionnement des entreprises, organisations publiques et associations).

Pour qui ? – Le Bac vise les élèves qui s'intéressent au fonctionnement des organisations, des relations au travail, des nouveaux usages du numérique, du marketing, de la recherche et la mesure de la performance, de l'analyse des décisions et de l'impact des stratégies d'entreprise.

▶ ST2S : Sciences et technologies de la santé et du social

Les 3 spécialités de Première sont : **physique chimie pour la santé** ; **biologie et la physiopathologie humaines** ; **sciences et techniques sanitaires et sociales**. Les 2 spécialités de Terminale sont : **techniques sanitaires et sociales** ; **physique chimie pour la santé**, **biologie et la physiopathologie humaines**.

Objectif – Cet enseignement forme à la biologie humaine, la connaissance psychologique des individus et des groupes, l'étude des faits sociaux et des problèmes de santé, les institutions sanitaires.

Pour qui ? – Ce Bac s'adresse aux élèves intéressés par les relations humaines et le travail sanitaire et social. Il permet de faire émerger des savoirs et compétences en biologie et physiopathologie humaines, déterminants notamment pour la poursuite d'études supérieures dans les secteurs paramédical et social (emplois techniques ou technico-administratifs).

▶ STI2D : Sciences et technologies de l'industrie et du développement durable

Les 3 spécialités de Première sont : **l'innovation technologique, l'ingénierie et développement durable, la Physique chimie-mathématiques**. Les 2 spécialités de Terminale sont : **la Physique chimie-mathématiques** et **l'ingénierie et développement durable** au sein duquel l'élève fait le choix d'un enseignement spécifique parmi : architecture et construction ; énergies et environnement ; innovation technologie et éco-conception ; systèmes d'information et numérique.

Objectif – Ce Bac combine l'ingénierie industrielle à l'innovation technologique et à la préservation de l'environnement. Plus des deux tiers des enseignements sont consacrés aux matières scientifiques et technologiques de la filière et de la spécialité. Il permet de développer des compétences étendues dans trois domaines « matière – énergie – information ».

Pour qui ? – Ce Bac permet d'accéder à la diversité des formations scientifiques de l'enseignement supérieur : CPGE, université, écoles d'ingénieur, et toutes les spécialités proposées en IUT et BTS.

▶ STL : Sciences et technologies de laboratoire

Les 3 spécialités de Première sont : **physique-chimie et mathématiques** ; **biochimie biologie, biotechnologie** ; **SPCL** (sciences physiques et chimiques en laboratoire). Les 2 spécialités de Terminale sont : **physique-chimie et mathématiques** ; **biochimie biologie, biotechnologie ou SPCL**.

Objectif – Développer des compétences scientifiques et technologiques, et acquérir des concepts essentiels en biochimie et en biologie. S'adresse aux élèves ayant un goût affirmé pour les manipulations et les matières scientifiques (techniques de mesures et analyses en laboratoire).

Pour qui ? – Il est possible de poursuivre des études en BTS, DUT, classe préparatoire ou à l'université, dans le domaine de la santé et des sciences du vivant.

▶ STD2A : Sciences et technologie du design et des arts appliqués

En Première, les 3 spécialités sont : **physique-chimie** ; **outils et langages numériques** ; **design et métiers d'art**. Les 2 spécialités de Terminale sont : **analyse et méthodes en design** ; **conception et création en design et métiers d'art**.

Objectif – Acquérir une culture, apprendre des concepts et utiliser des outils nécessaires à l'analyse de problématiques liés au design et à la formulation d'hypothèses et de démarches de création. Expérimenter par tout moyen plastique le processus de création.

Pour qui ? – Ce Bac conduit vers une spécialisation dans l'enseignement supérieur et peut mener à l'insertion professionnelle en design ou dans les métiers d'art, aux plans national et international, à l'échelle artisanale comme à l'échelle industrielle.

▶ STAV : Sciences et technologies de l'agronomie et du vivant

Proposé en lycée agricole uniquement avec une ou plusieurs des spécialités suivantes :

- **Aménagements et valorisation des espaces** : le diplômé issu de cette spécialité étudie la faisabilité et la mise en œuvre d'un projet d'aménagement paysager, hydraulique ou de gestion et d'aménagement d'espaces forestiers ou naturels.
- **Sciences et technologies des équipements** : cette spécialité vise à donner aux élèves une culture technologique leur permettant d'effectuer une analyse du fonctionnement des équipements.
- **Services en milieu rural** : les diplômés formés dans ce domaine sont à même d'analyser les besoins de services (prestations familiales, sociales, besoins en matière de santé…) d'une population rurale et d'identifier les structures susceptibles d'y répondre.
- **Technologie de la production agricole** : cette spécialité permet de maîtriser l'ensemble des étapes de la production végétale ou animale.
- **Transformation alimentaire** : cette spécialité mène à l'étude et à la fabrication de produits alimentaires. Elle comprend des enseignements en génie alimentaire, génie industriel, biochimie, physique et chimie.

Ce Bac permet d'acquérir la capacité professionnelle agricole.

→ Bacs choisis en fin de Troisième

▶ STHR : Sciences et technologies de l'hôtellerie et de la restauration

▶ TMD : Techniques de la musique et de la danse

Site web
STHR et TMD
hatier-clic.fr/ori035

Bac technologique/ spécialité	Contenu des enseignements (Mots-clés)	Matières enseignées	Ces matières me plaisent-elles ? ☺ ☹	Mes notes actuelles dans les matières enseignées en Seconde	Lycée où est enseignée cette spécialité

2 Je me repère dans L'ORGANISATION DES ÉTUDES SUPÉRIEURES

1 À l'aide de ce schéma d'études, choisissez un domaine qui vous intéresse. Ensuite, décrivez-le à votre binôme. Choisissez, si vous le pouvez, un élève qui voudrait faire les mêmes études que vous. Cela permet de regrouper plus d'informations !

Domaine d'études	Exemple : ingénieur
Sous-domaines	Exemple : pharmacien, sage-femme...
Parcours possibles	Exemple : écoles post Bac, CGPE...
Nombre d'années d'études	
Spécialisations possibles	

2 Réalisez une carte mentale par type d'études : un groupe prend en charge les BTS, un autre les licences, un autre les CGPE... Les filières d'études n'auront plus aucun secret pour vous !

Site web
Formation et diplôme
hatier-clic.fr/ori036

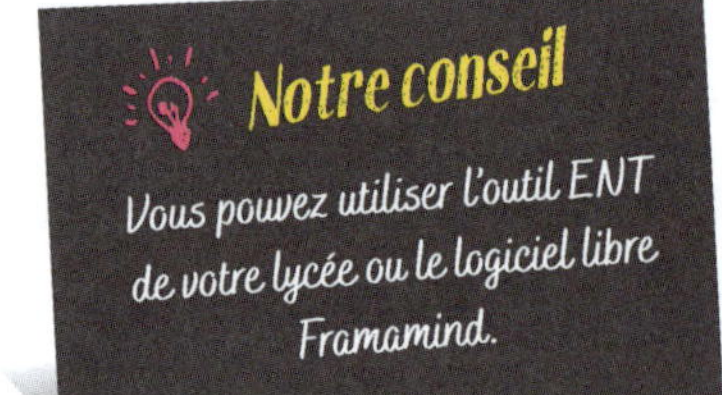

- FILIÈRE : BTS par exemple
  - Lieux de formation
  - Que faire après ce diplôme ?
  - Coût des études
  - Modalités d'inscription : concours, examens, dossiers
  - voies de formation
  - Les spécialités

3 Qu'attendra-t-on de moi dans la filière d'études que j'aurai choisie ?

Visionnez les vidéos sur le site Internet. Préparez un compte-rendu de la filière post Bac que vous avez choisie. Puis présentez-le au groupe ou à la classe.

Vous ne trouverez pas de MOOC[1] pour toutes les filières. Dans ce cas, utilisez le site de Campus Chanel. Vous y trouverez des podcasts d'étudiants de différentes filières qui répondent aux questions des internautes et vous aideront à mieux comprendre le contenu de ces formations.

Site web
MOOCS orientation
hatier-clic.fr/ori037

Site web
Podcasts d'étudiant.e.s
hatier-clic.fr/ori038

1. Un MOOC est un cours en ligne, sous forme de vidéos courtes, suivi de quiz.

onisep

LE SCHÉMA DES ÉTUDES SUPÉRIEURES

LES PRINCIPAUX ITINÉRAIRES DE FORMATION APRÈS LE BACCALAURÉAT

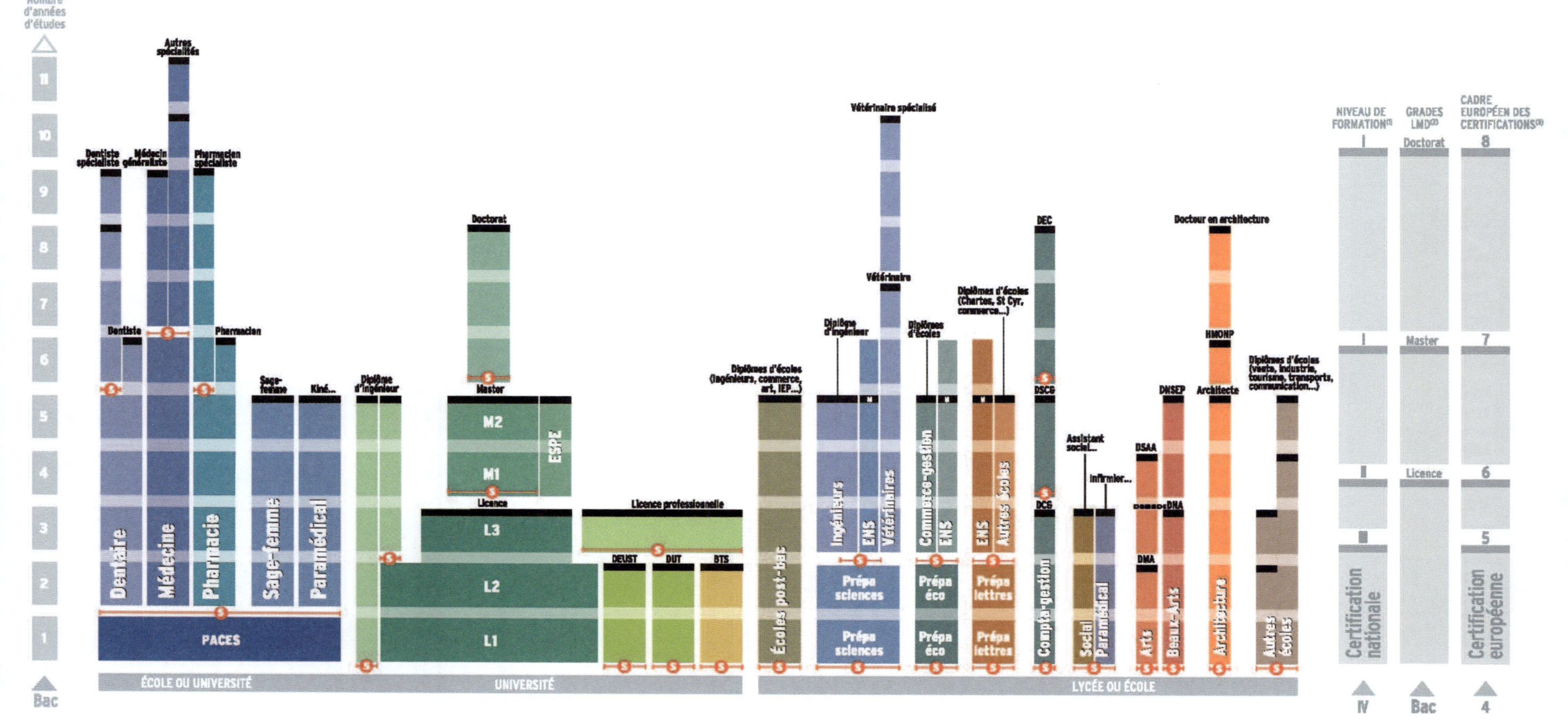

Dans l'enseignement supérieur, il existe des passerelles entre ces différentes filières.

- Diplôme ou Diplôme d'État
- (S) Accès sélectif (concours à épreuves, sélection sur dossier)

BTS : brevet de technicien supérieur
D : doctorat
DCG : diplôme de comptabilité et de gestion
DEC : diplôme d'expert-comptable
DEUST : diplôme d'études universitaires scientifiques et techniques
DMA : diplôme des métiers d'art
DNA : diplôme national d'art
DNSEP : diplôme national supérieur d'expression plastique
DSAA : diplôme supérieur d'arts appliqués
DSCG : diplôme supérieur de comptabilité et de gestion
DUT : diplôme universitaire de technologie
ENS : école normale supérieure
ESPE : école supérieure du professorat et de l'éducation
HMONP : habilitation à l'exercice de la maîtrise d'œuvre en son nom propre
IEP : institut d'études politiques
L : licence
M : master
PACES : première année commune aux études de santé

(1) **Le niveau de formation** permet de classer des diplômes et des certifications en fonction d'objectifs professionnels visés (métiers, fonctions ou activités). Pour en savoir plus : consultez le Répertoire national des certifications professionnelles (RNCP).

(2) **Les grades LMD** : les grades de licence, master, doctorat correspondent à des paliers de formation européens.

(3) **Le Cadre européen des certifications** (CEC, ou EQF en anglais) permet aux états membres de la Communauté européenne de comparer les certifications et les diplômes délivrés par les différents pays.

3 QU'ATTENDRA-T-ON DE MOI dans l'enseignement supérieur ?

À l'aide des sites et de l'exemple présenté (licence de Droit), complétez le tableau avec vos propres choix. Cet exemple n'est là que pour vous aider !

1 Critères attendus en licence

Sites web
Bulletins officiels
hatier-clic.fr/ori039

Éléments de cadrage national

Il est attendu des candidats en licence Mention **Administration publique** :

➲ **Savoir mobiliser des compétences d'expression écrite et orale qui témoignent de qualités rédactionnelles**

Cet attendu marque l'importance, pour la filière considérée, de la maîtrise de la langue française, écrite et orale, par le candidat. En effet, des qualités rédactionnelles sont fondamentales pour aborder les différents exercices auxquels le candidat devra se plier (fiches d'arrêt, notes de synthèses, commentaires de textes, cas pratiques et dissertations). La précision qu'appelle le raisonnement juridique, souvent sollicité en licence d'Administration publique, implique que le candidat maîtrise, *ab initio*, les fondamentaux de la langue.

➲ **Disposer d'aptitudes à la compréhension, à l'analyse et à la synthèse d'un texte**

Cet attendu marque l'importance, pour la filière considérée, de la capacité du candidat à « comprendre » l'écrit. La formation en Licence d'Administration publique requiert en effet l'analyse combinée de nombreuses sources juridiques (constitutions, lois, règlements, textes internationaux, jurisprudence, doctrine) qu'il faut pouvoir comprendre, mettre en perspectives et éventuellement critiquer sur la base d'un raisonnement juridique.

➲ **Disposer d'aptitudes à la logique et au raisonnement conceptuel et mathématique**

Cet attendu marque l'importance, pour la filière considérée, de la capacité du candidat à produire une argumentation structurée, même relativement simple, à proposer des raisonnements conceptuels et des raisonnements mathématiques simples.
La formation en Licence d'Administration publique requiert en effet une certaine capacité d'abstraction, de logique formelle et de déduction. Elle propose des enseignements en économie, qui supposent une maîtrise suffisante des principaux raisonnements mathématiques.

2 Critères attendus par formation

Site web
Parcoursup
hatier-clic.fr/ori040

Université de Nantes - Nantes (44)
Licence - Droit

Formation | Caractéristiques | Examen du dossier | Réussite / Débouchés | Contexte et chiffres | Frais | Coordonnées

Critères généraux d'appréciation des dossiers

Le récépissé de passage du « questionnaire d'auto-évaluation » est indispensable pour le dépôt de la candidature.

Pour les réorientations, les résultats du baccalauréat et des formations post-baccalauréat seront aussi considérés.

L'évaluation du dossier du candidat s'appuiera notamment sur :

- le projet de formation motivé du candidat ;
- l'ensemble des notes de français de l'année de première ;
- les résultats aux épreuves anticipées au baccalauréat de français.

Il pourra également être tenu compte de la fiche Avenir.

Formation choisie	Mots-clés ou expressions des attendus de cette formation	Mes compétences	Mes objectifs
Exemple : licence de Droit	Maîtriser la langue française	Bonne maîtrise de l'écrit	Identifier mes points faibles (syntaxe, orthographe...) et y remédier
	Avoir suivi le module Droit	Module à visionner	Avant inscription Parcoursup

4 OÙ VONT LES ÉLÈVES après le Bac ?

Après avoir analysé ces données, retracez l'itinéraire d'un.e étudiant.e type en France. 

❶ Comment se répartissent les étudiants en fonction des filières ?

Quelles conclusions en tirez-vous ?

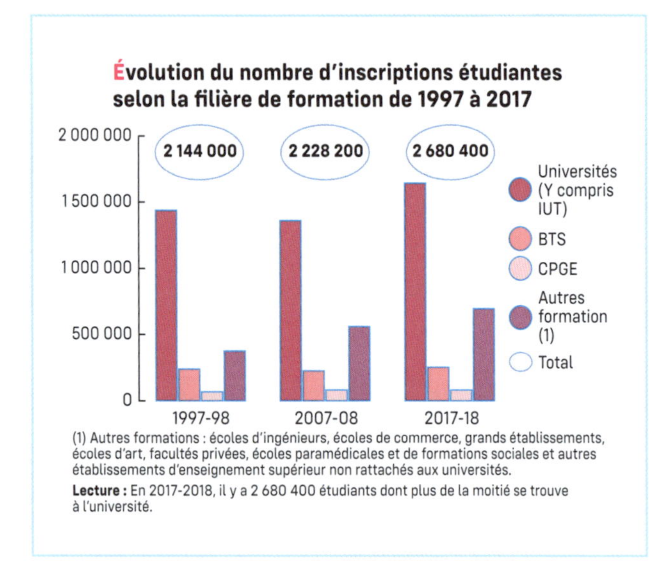

(1) Autres formations : écoles d'ingénieurs, écoles de commerce, grands établissements, écoles d'art, facultés privées, écoles paramédicales et de formations sociales et autres établissements d'enseignement supérieur non rattachés aux universités.

Lecture : En 2017-2018, il y a 2 680 400 étudiants dont plus de la moitié se trouve à l'université.

❷ Voici la répartition des étudiants à l'université par discipline. Ces chiffres correspondent-ils à ce que vous pensiez ?

Qu'en concluez-vous ?

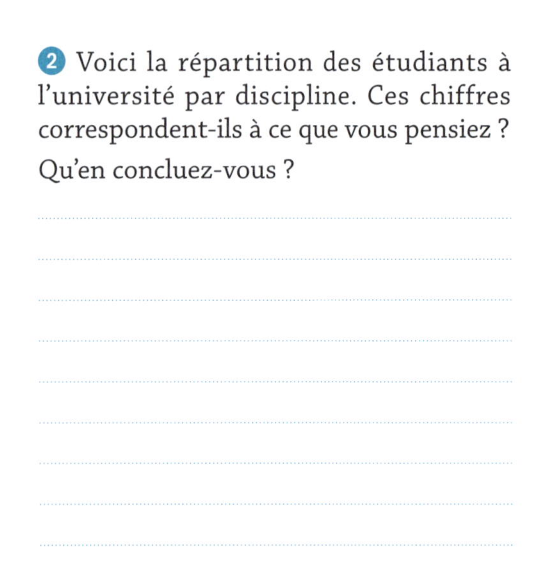

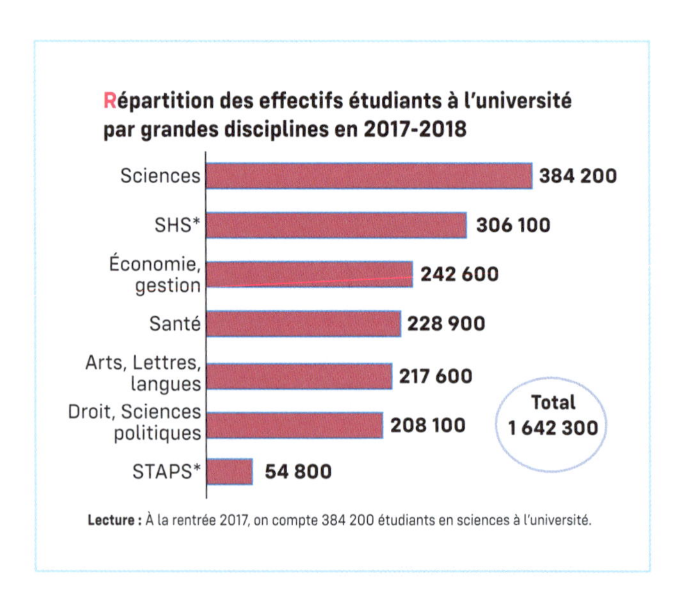

Lecture : À la rentrée 2017, on compte 384 200 étudiants en sciences à l'université.

3 Répartition du nombre d'apprentis par filière. Dans quelles filières y en a-t-il le plus ?

L'apprentissage permet d'alterner la formation en université et l'application concrète en entreprise. L'apprenti.e est rémunéré.e et l'entreprise qui l'embauche paie sa formation.

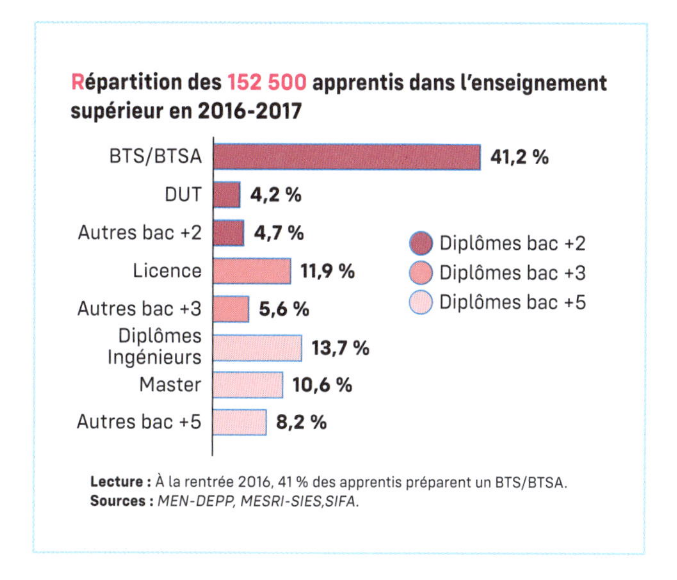

4 Étudier à l'étranger : Erasmus

Le programme Erasmus +, subventionné par l'Union européenne, est un programme d'échange d'étudiants et d'enseignants entre les universités, les grandes écoles européennes et des établissements d'enseignement à travers le monde entier. 43 745 étudiants français en ont bénéficié en 2017.

Et vous, envisageriez-vous de partir étudier à l'étranger ?

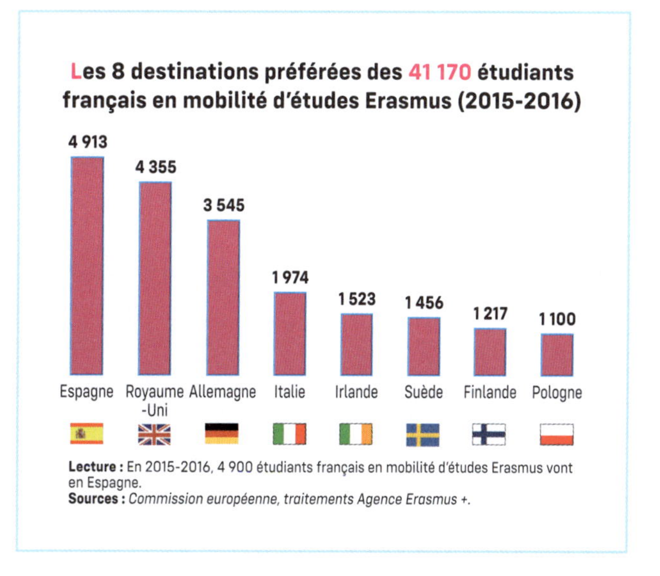

5 JE CHANGE MON REGARD sur l'orientation

1. Observez le graphique de la part des femmes dans l'enseignement supérieur. Qu'en concluez-vous ?

....

....

....

Part des femmes dans les différentes formations d'enseignement supérieur, en %.

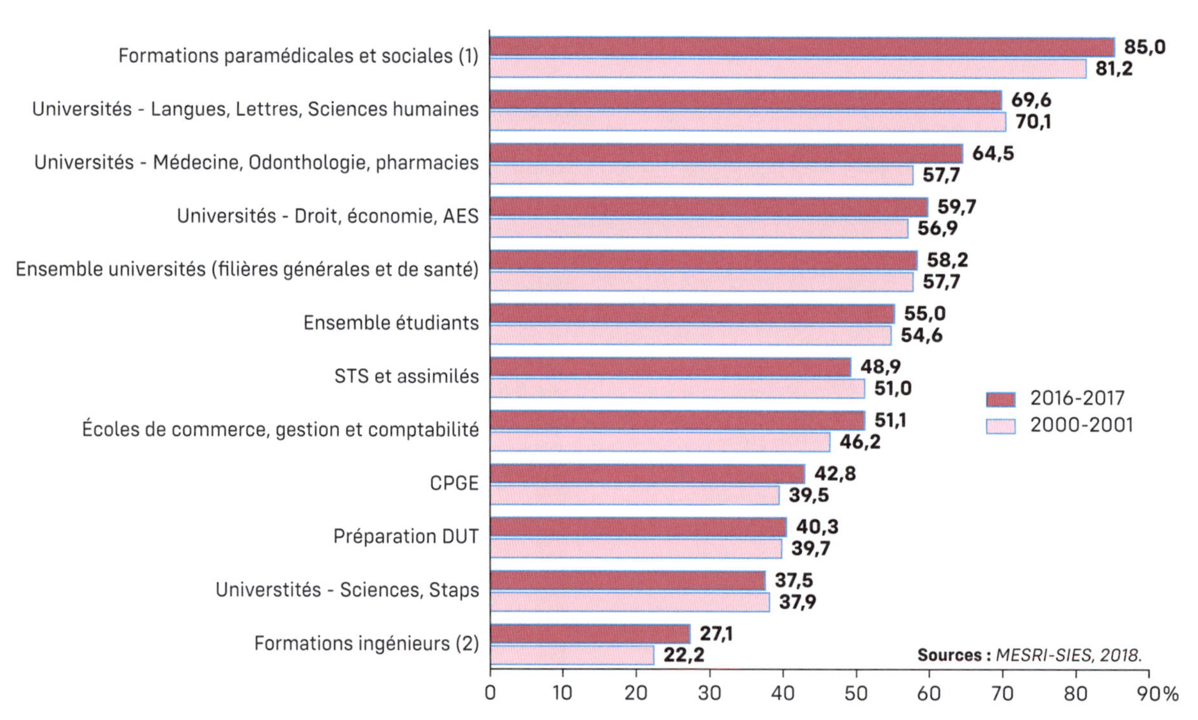

Champ : France métropolitaine + DOM

1. Les dernières données disponibles portent sur 2017-2018.

2. Y compris les formations d'ingénieurs dépendantes des universités, des INP, des universités de technologies et les formations d'ingénieurs en partenariat.

2. Observez la façon dont les filles s'orientent autour de vous. Vos observations confirment-elles ou viennent-elles corriger ces données ? Discutez-en en groupe.

....

....

....

HALTE À L'AUTO-CENSURE !

Françoise Garlet est une femme entrepreneure. Elle est marraine de l'association « Elles bougent ». Cette association a pour objectif de susciter des vocations d'ingénieur.e.s et de technicien.ne.s grâce à des témoignages. Elle prouve ainsi que ces métiers (dits plutôt « masculins ») sont accessibles aux filles.

Françoise Garlet [...] : L'an dernier, une jeune femme développeuse racontait que ses parents n'avaient pas voulu qu'elle se dirige vers le métier d'ingénieur.e car elle n'en était soi-disant pas capable (puisque fille...). Elle a dans un premier temps renoncé à son projet. Puis, elle a décidé de suivre des cours du soir pour finir par obtenir le diplôme souhaité. Une jeune fille s'est alors exclamée : « Moi aussi, on m'a dit au collège que ce n'était pas fait pour les filles ! Mais alors, ce n'est pas vrai ? On peut aussi réussir ? » Quand je parle avec mes élèves de leur orientation future, je suis toujours très étonnée de voir que la grande majorité des filles se met des barrières en se disant : « J'aimerais faire cela mais je pense que je n'en suis pas capable ».

Source : www.ellesbougent.com

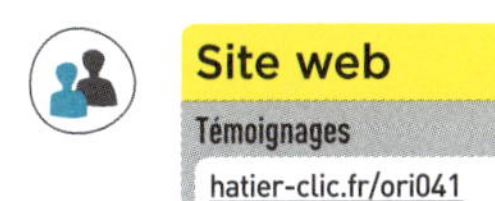

1 Déconstruisons les stéréotypes !

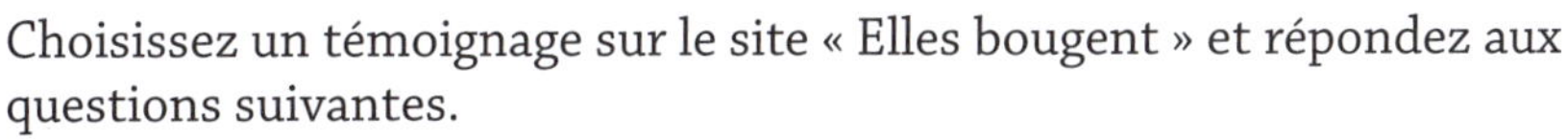

Choisissez un témoignage sur le site « Elles bougent » et répondez aux questions suivantes.

- Dans quel(s) domaine(s) cette femme ingénieure travaille-t-elle ? ....
- Quel est son parcours d'études ? ....
- Quels ont été les freins ou les leviers rencontrés ? ....
- Qu'est-ce qui lui plaît dans son métier ? ....
- Quels conseils donne-t-elle ? ....
- Qu'est-ce qui pourrait vous motiver pour accéder à des métiers scientifiques ? dans l'industrie ?

....

....

2 Changez votre regard !

Regardez la vidéo sur les métiers. En quoi bouscule-t-elle les stéréotypes ?
Donnez votre avis sur chacun des témoignages.

....

....

....

Que retenez-vous du témoignage de l'homme qui exerce le métier de sage-femme ?

....

....

....

6 Je découvre le fonctionnement de la plateforme PARCOURSUP

La plateforme Parcoursup recèle une mine d'informations sur les formations et les écoles de l'enseignement supérieur. Elle est accessible via le site www.parcoursup.fr et également sous forme d'application.

Cet outil n'est pas réservé qu'aux Terminales. Dès la Seconde ou en Première, vous pouvez découvrir les formations qui vous intéressent, accéder aux descriptifs des formations, à la liste des attendus des professeurs, vous renseigner sur les débouchés au sortir de la formation, relever les dates des portes ouvertes des écoles et des universités.

La partie « Inscription » est bien entendue réservée aux Terminales.

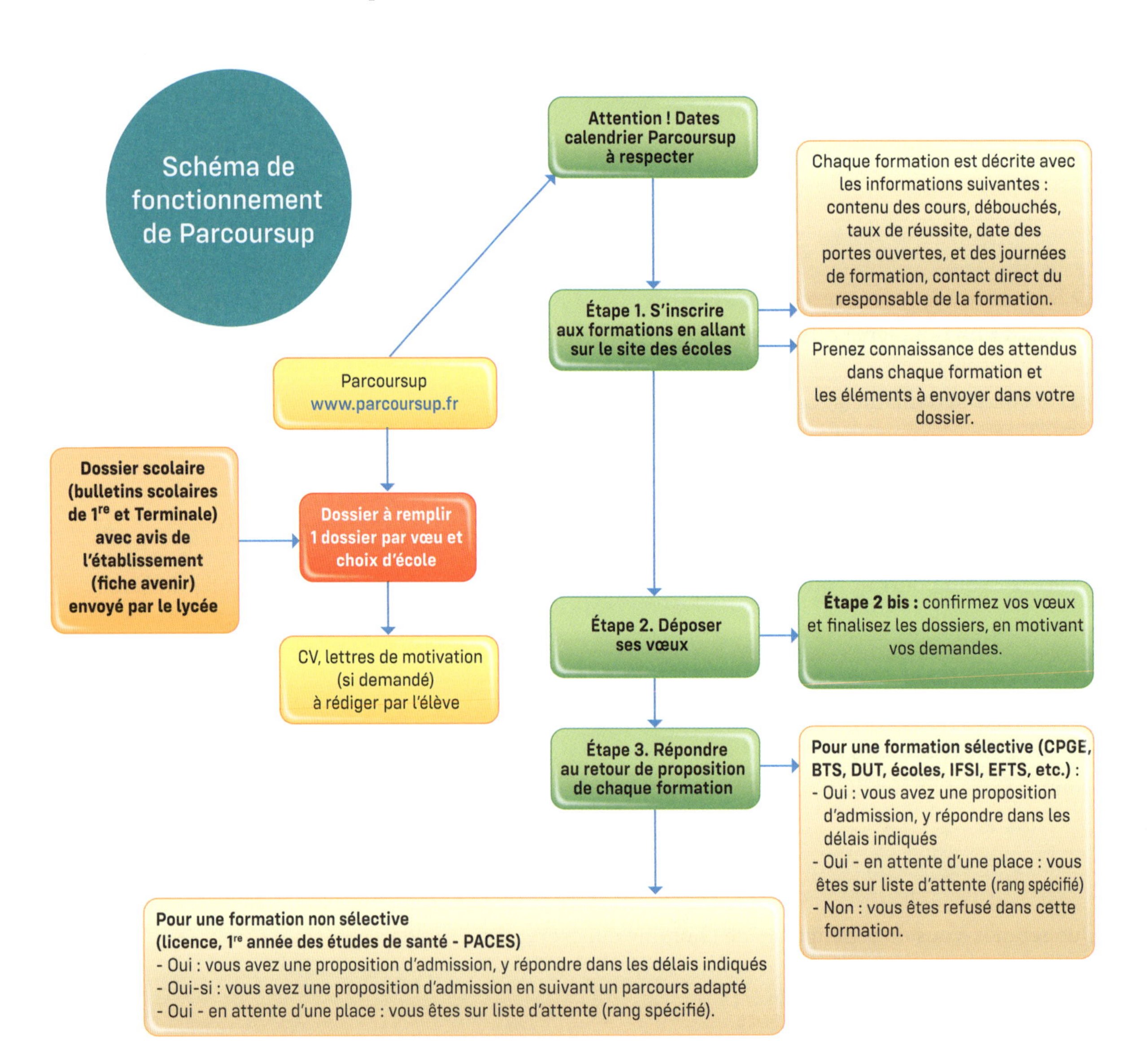

10 points essentiels sur Parcoursup

1. Je fais attention aux **dates** : inscription, validation, confirmation.
2. Par sécurité, **je m'inscris sur Parcoursup** même si je postule en parallèle à des formations qui n'y figurent pas.
3. Je fais le **maximum de vœux**, dans la limite du nombre maximum autorisé, pour maximiser les chances de poursuivre les études que je souhaite. Dans la même logique, je mixe entre filières sélectives et non sélectives.
4. Je fais des **sous-vœux** pour élargir mes choix.
5. Je peux faire des vœux **dans mon académie ou en dehors**, que ce soit pour une formation sélective (BTS, DUT, IFSI, EFTS, écoles...) ou non (licences, PACES).
6. Je prends du temps pour rédiger un **projet de formation motivé** pour chaque formation à laquelle je postule : expliquer mes motivations, préciser les démarches faites pour connaître cette formation (salons, portes ouvertes, journée d'immersion, cours en ligne...)
7. Je regarde avec attention la rubrique « **Examen du dossier** » pour connaître les critères de sélection de la formation à laquelle je postule (notes de telle ou telle matière, lettre de motivation...).
8. Je **réponds** dans les délais impartis aux réponses que je reçois (attention, le délai se raccourcit au fil du temps).
9. Si je suis **admis.e** dans une formation hors Parcoursup, je renonce à mes vœux sur la plateforme pour libérer ma place et permettre à d'autres d'y accéder.
10. Je n'oublie pas de **m'inscrire dans la formation** où je suis admis.e.

7 JE POSTULE pour des formations

Pour valider mes vœux sur Parcoursup, on va parfois me demander de rédiger un « projet de formation motivé ». Cette lettre fera partie des éléments de mon dossier qui seront examinés pour ma candidature.

→ Je rédige une lettre de motivation

Nom Prénom
Adresse
Téléphone
Mail
Objet : Formation demandée

Nom et prénom
Fonction
Nom de l'école
l'université
Adresse

Lieu, date du jour

Madame, Monsieur,

- *Présentez-vous brièvement ainsi que l'objet de votre candidature.*
- *Évoquez 1 ou 2 aspects précis de la formation en lien avec votre profil : montrez ce que vous savez de la formation. Faites ensuite le lien avec vos compétences : sur quels talents, expériences déjà acquises et centres d'intérêt vous appuierez-vous pour suivre cette formation ? Que souhaitez-vous découvrir, apprendre ?*
- *Si l'admission dans la formation nécessite un entretien oral : montrez que vous êtes prêt.e à y participer.*

Terminez par une formule de politesse standard « Je vous prie d'agréer mes salutations les plus respectueuses » *ou* « Dans l'attente de votre retour, je reste à votre disposition. Cordialement ». *Dans un mail :* « Cordialement » *ou* « Bien cordialement ».

Signature

Doc+
Rédiger une lettre de motivation et s'autoévaluer
hatier-clic.fr/ori????

Quels sont les objectifs de ma lettre de motivation ?

- Montrer que j'ai le bon profil pour l'école/le job ;
- Montrer que je n'écris pas par hasard mais que je suis vraiment motivé.e ;
- Décrocher un rendez-vous pour exposer oralement mes motivations (si une épreuve orale est prévue dans la phase de recrutement).

Nos conseils

- *Utilisez une adresse e-mail qui fait sérieux.*
- *Ne dépassez pas 1 page (au-delà, elle ne sera pas lue !).*
- *C'est l'occasion de préciser si vous êtes allé.e sur un salon, aux portes ouvertes, aux journées d'immersion, si vous avez visionné des vidéos/témoignages.*
  Il faut préciser également que vous savez concrètement en quoi consiste la formation, pour montrer que vous n'écrivez pas par hasard à cette formation.
- *Faites des phrases courtes.*
- *Évitez d'écrire des expressions toutes faites comme « dynamique et motivé.e », que tout le monde peut écrire.*
- *Faites relire pour éviter les fautes d'orthographe.*
- *Rédigez vous-même car le lecteur verra tout de suite si c'est un parent ou un coach qui l'a rédigée… ou si c'est une lettre copiée sur Internet. Il faut communiquer de la sincérité !*

post-Bac

Quel est l'objectif de mon oral d'admission ?

Montrer ma motivation à intégrer l'école/la formation, la cohérence de mon projet professionnel et ma capacité à m'intégrer.

Après l'étude de votre dossier, certaines formations (écoles post-bac, formations sélectives en université, DUT…) ont une deuxième phase de sélection qui consiste en un entretien oral.

Doc+
10 questions pour s'entraîner à l'oral et s'auto-évaluer
hatier-clic.fr/ori043

→ Je prépare mon oral d'admission

1 Se renseigner sur l'école, la formation

« Pourquoi notre école/cette formation ? » Vous devez être incollable sur l'école ou la formation que vous visez : signification des initiales de l'école et du logo, son histoire, ses différents cursus et campus, ses associations étudiantes, les spécificités qui la distinguent des autres écoles/ formations, débouchés, programme.

Conseil n° 1 : lors des salons et des échanges avec les étudiants, vous pourrez obtenir des renseignements précieux.

2 Savoir se présenter

Apprenez à vous connaître afin de renvoyer une image authentique et séduisante de votre personnalité au jury. Préparez une présentation de deux minutes pour :

- vous présenter succinctement en abordant votre parcours scolaire ainsi que les raisons qui vous ont amené à postuler à cette école/ formation ;
- identifier les sujets qui permettront d'intéresser le jury : expérience à l'étranger, travail associatif, passion, expérience professionnelle, pratique d'un sport, talents originaux, projet professionnel précis… Faites le lien avec vos principales qualités : créativité, combativité, curiosité, détermination, engagement, esprit d'équipe, générosité, optimisme, organisation, pragmatisme, rigueur… ;
- présenter votre projet professionnel et expliquer en quoi vos choix scolaires sont cohérents avec vos ambitions professionnelles. Veillez à bien vous renseigner sur le métier et le secteur d'activités qui vous intéressent pour réussir à défendre votre projet. L'idéal pour les crédibiliser est de faire le lien avec vos expériences en indiquant ce que vous avez fait et appris.

Conseil n° 2 : pour vous aider, vous pouvez passer quelques tests en ligne. Les tests des sites régionaux sont très bien faits. Vous pouvez aussi vous entraîner en réalisant les activités **Chap. 5, p. 76-77, J'apprends à dire qui je suis et ce que j'aime faire***, une des compétences clefs d'une orientation réussie !*

3 Savoir valoriser ses expériences et ses atouts

Vous devez donc tout d'abord exprimer ce que l'école/la formation peut vous apporter mais aussi souligner ce que vous êtes capable d'offrir à l'école. Développez chacun de vos arguments avec des exemples concrets. Optez pour des prises de position nuancées et réfléchies. Tirez des enseignements positifs de toutes vos expériences, mêmes de vos échecs. Adoptez une attitude dynamique. Soyez toujours à l'écoute des questions et réactions du jury. N'oubliez pas que c'est un échange et non un monologue !

Conseil n° 3 : Entraînez-vous (avec un proche, en vous enregistrant ou en vous filmant) ! Demandez à vos proches de vous définir en quelques mots.

→ Je crée mon CV

Doc+
Créer son CV et s'auto-évaluer
hatier-clic.fr/ori044

LE LEXIQUE
de l'enseignement supérieur

BTS[1]	Brevet technicien supérieur (STS : section de technicien supérieur)	Bac +2	Lycée
CPGE	Classe préparatoire aux grandes écoles (commerce, ingénieur…)	Bac +2	Lycée
D	Doctorat	Bac +8	Université
DCG	Diplôme de comptabilité et gestion	Bac +2	École
DEC	Diplôme d'expert-comptable	Bac +8	École
DEUST	Diplôme d'études universitaires scientifiques et techniques	Bac +2	Université
DMA	Diplôme des métiers d'art	Bac +2	École
DNA	Diplôme national d'art	Bac +3	École
DNSEP	Diplôme national supérieur d'expression plastique	Bac +5	École
DSAA	Diplôme supérieur d'arts appliqués	Bac +4	École
DSCG	Diplôme supérieur de comptabilité et gestion	Bac +5	École
DUT[1]	Diplôme universitaire technologique	Bac +2	Université
ENS	Enseignement national supérieur	Bac +5	École
ESPE	École supérieure du professorat et de l'éducation	Bac +5	Université
HMONP	Habilitation à l'exercice à la maîtrise d'œuvre en son nom propre	Bac +6	École
IEP	Institut d'études politiques	Bac +5	École
L	Licence	L1 Bac +1 L2 Bac +2 L3 Bac +3	Université
M	Master	M1 Bac+4 M2 Bac+5	Université
LMD	Licence, master, doctorat	Voir ci-dessus	Université
PACES	Première année d'étude commune aux études de santé	Bac +1	Université

1. Réforme à venir pour les études BAC +3.

ATTENTION : pour qu'une école soit certifiée et reconnue par l'État (voir le site RNCP), elle doit répondre à un certain nombre de critères. Pour les écoles de commerce, c'est la CEFDG (commission d'évaluation des formations rattachée au ministère) qui se charge d'évaluer la qualité des écoles. Pour les écoles d'ingénieurs, c'est la CTI (commission des titres d'ingénieur).

Chapitre 5

7 COMPÉTENCES CLEFS POUR BIEN S'ORIENTER

Comment ne pas rater ma cible ? Comment être sûr.e de m'engager dans la bonne voie et faire les bons choix pour mon avenir ? Il n'y pas de recette magique, ni de solution miracle. L'orientation demande avant toute chose de la méthode, mais aussi des savoir-être et des savoir-faire. Les savoir-être commencent par la connaissance de soi, de ses compétences et de ses capacités. Le savoir-faire se construit, chemin faisant, en mettant en place des actions pour tester et expérimenter vos idées d'orientation. Voici, pour vous aider à avancer dans votre projet, 7 compétences clefs indispensables pour réussir votre projet d'orientation.

DANS CE CHAPITRE, VOUS APPRENDREZ À :

- **construire un projet d'orientation** en partant d'une base solide, en apprenant à mieux vous connaître et à dire qui vous êtes, ce que vous faites et où vous allez ;
- **repérer les sites les plus utiles**, organiser vos recherches sur Internet, ne pas vous perdre sur un salon d'orientation ;
- **vous posez des questions et en poser aussi aux autres**, pour trouver les réponses dont vous avez besoin pour mener votre projet à bon port.

Écrivez ici la phrase ou la citation qui vous aidera à avancer

....

....

....

Ma boîte à citations, p. 95

FICHE COMPÉTENCE 1 J'apprends à dire

→ J'apprends à dire qui je suis 

Doc+
Adjectifs coup de pouce
hatier-clic.fr/ori045

1 Choisissez trois adjectifs qui vous caractérisent. Présentez-les à une personne que vous ne connaissez pas encore, en expliquant en quoi ils parlent de vous. Puis inversez les rôles.

Les trois adjectifs qui me caractérisent le plus :

....	....	....

2 Traduisez maintenant ces adjectifs en trois adjectifs opposés.

....	....	....

3 Réfléchissez à la question suivante : en quoi le fait de me rapprocher de ces trois qualités opposées pourrait-il m'être utile ? Présentez le résultat de votre réflexion à votre binôme. Puis inversez les rôles.

4 Quelles ont été les réactions ou les remarques de votre binôme ? Qu'avez-vous appris sur vous ?

....
....
....
....
....

5 Demandez à trois personnes (parents, famille, amis) comment elles vous voient. Y a-t-il une différence avec les trois adjectifs que vous avez choisis ?

....
....
....
....
....
....

Notre conseil

Pour votre orientation, entourez-vous de personnes qui ont une image juste et positive de vous. Elles vous aideront à mettre en avant le meilleur de vous-même et vous encourageront dans vos démarches.

QUI JE SUIS ET CE QUE J'AIME FAIRE

Une personnalité se construit étape par étape et au fil du temps. Une personnalité, c'est un mélange et une somme de beaucoup d'éléments, une savante combinaison qui fait de chacun un être unique.

Complétez l'« arbre de la connaissance de soi » en répondant aux questions suivantes :

- **Mes racines** : quelles sont les choses qui comptent le plus pour moi (mes rêves, mes valeurs, ce qui me rend heureux.se) ?
- **Mon tronc** : quelles sont mes qualités principales ? Mes défauts ? Quelles activités j'aime pratiquer au quotidien ?
- **Mes projets** (dans le futur) : quels sont les actions et les projets que je projette de faire à court ou long terme (voyage, projet, formation, stage…) ?

FICHE COMPÉTENCE 1 J'apprends à dire QUI JE SUIS ET CE QUE J'AIME FAIRE

→ Je prends conscience de mes capacités

Quelles formes d'intelligence privilégiez-vous ?

Chacun possède des talents parfois insoupçonnés. À l'école, on ne développe souvent qu'un nombre restreint de compétences. Un américain du nom d'Howard Gardner a mis au point, il y a quelques années, une théorie affirmant que chaque personne possède à la naissance un bouquet de 8 formes d'intelligence. En grandissant, nous en développons certaines plus que d'autres… Et il n'y a pas de hiérarchie entre elles. Gardner a élaboré cette théorie parce qu'il s'opposait aux tests figés de mesure d'intelligence.

Vidéo
Les intelligences multiples
hatier-clic.fr/ori046

1. Intelligence visuelle spatiale
2. Intelligence musicale, rythmique
3. Intelligence verbale, linguistique
4. Intelligence logique, mathématique
5. Intelligence corporelle, kinesthésique
6. Intelligence naturaliste
7. Intelligence interpersonnelle (entrer en contact avec les autres)
8. Intelligence intrapersonnelle (pour mieux se connaître)

À vous de jouer !

1 Quelles sont les formes d'intelligence qui vous caractérisent le plus ? Complétez votre bouquet en choisissant au moins trois formes (même si elles ne sont pas encore très développées). Dans quelles situations les utilisez-vous ?

....

....

....

2 Entourez les verbes d'action qui traduisent ce que vous aimez faire. Complétez cette liste avec d'autres verbes si vous le souhaitez.

réfléchir • analyser • classer • compter • résoudre • raconter • nommer • questionner • expliquer • communiquer • collaborer • explorer • inventer • agir • bouger • expérimenter • tester • créer • fabriquer • rassembler • animer • informer • convaincre • aider • soutenir • soigner • observer • rêver • écouter • comprendre • préciser • s'émerveiller • imaginer • dessiner • modeler • .... • .... • .... • ....

→ Je découvre mon profil dominant 

Descriptif des 6 profils RIASEC

1. **Le profil réaliste** a du goût pour l'organisation et les activités concrètes et pratiques.
2. **Le profil investigateur** aime le monde des idées, la recherche. Il est attiré par des solutions complexes.
3. **Le profil artistique** représente les personnes qui se sentent attirées par toutes les formes d'art et qui ont besoin d'exprimer leur créativité.
4. **Le profil social** regroupe les personnes qui ont des facilités relationnelles et qui accordent une grande importance à l'humain.
5. **Le profil conventionnel** correspond aux personnes qui aiment s'organiser et qui ont besoin de cadres stables et structurés pour travailler.
6. **Le profil entreprenant** aime jouer avec les idées et convaincre les autres. Il prend souvent le rôle de leader.

1 Chaque personne possède au moins deux profils : un profil dominant et un profil complémentaire. Certaines personnes vont même jusqu'à combiner trois profils. Lisez bien chaque descriptif du document RIASEC et choisissez un, deux, voire trois profils qui se rapprochent le plus de ce que vous pensez être.

- Mon profil 1 ……………………………………
- Mon profil 2 ……………………………………
- Mon profil 3 (facultatif) ……………………………………

Doc+
Correspondances de la typologie RIASEC
hatier-clic.fr/ori047

2 Reliez les adjectifs que vous avez choisis p. 76 avec vos deux ou trois profils.

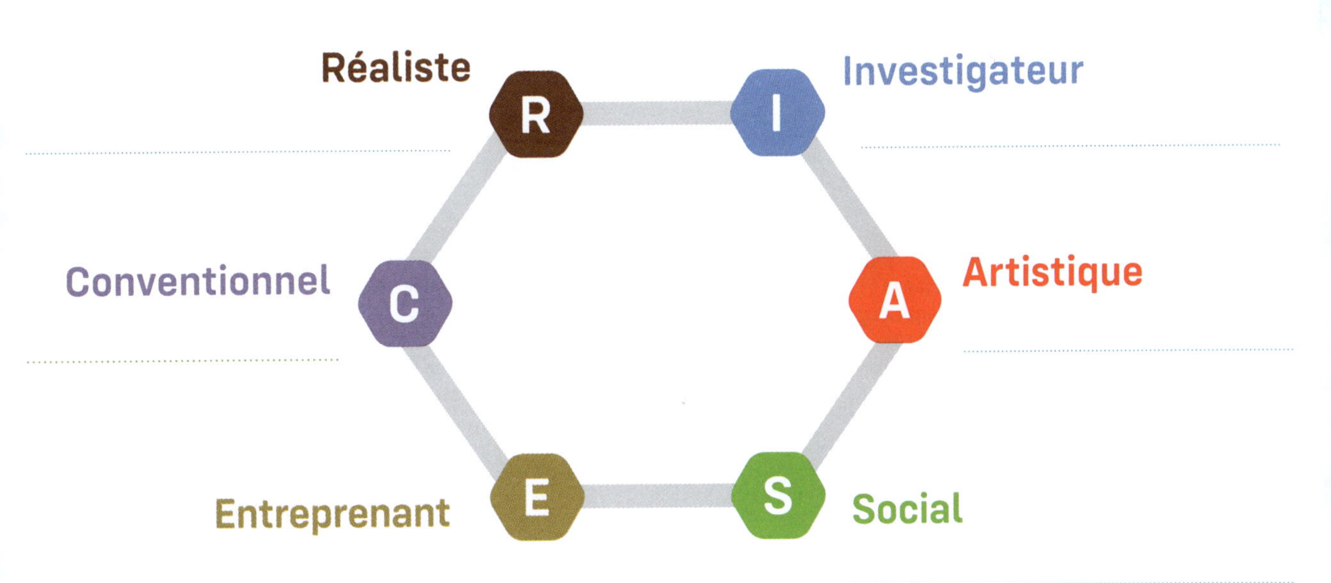

FICHE COMPÉTENCE 2 J'avance en ME

On vous a probablement déjà posé plus d'une fois la question « Que veux-tu faire plus tard ? ». Pas si simple d'y répondre, quand on n'a pas encore réfléchi à un métier, ni choisi son école post-Bac. Cette question a pourtant pour principale fonction de vous obliger à y réfléchir ! Heureusement, il y a des cours, comme la philosophie par exemple, mais aussi les enseignements de spécialité qui vous apportent de quoi nourrir vos réponses. Il y a bien sûr les professionnel.le.s que vous allez rencontrer et à qui vous allez poser des questions, qui en retour vous en poseront aussi ! L'orientation vous oblige à vous poser des questions sur vous et sur les autres.

Osez poser plus de questions !

Les questions que nous avons l'habitude de poser aux autres ou à nous-mêmes ne représenteraient que 15 % des possibilités de questions à poser ! N'hésitez pas à faire jouer votre imagination pour poser plus de questions et élargir ainsi votre vision du monde.

Sources Frédéric Falissse, conférence TEDx Sorbonne 2012.

Détail de *Echo et Narcisse* (1903), J. W. Waterhouse, huile sur toile, 107,5 x 236 cm, Liverpool, Walker Art Gallery, National Museums

S'aimer pour avancer

La mythologie grecque raconte que Narcisse était un jeune chasseur doué d'une grande beauté. Poussé par la soif, Narcisse se penche pour boire et surprend son reflet dans l'eau. Il tombe amoureux de son image et se laisse mourir de langueur... Toutes les jeunes filles tombaient amoureuses de lui, mais Narcisse préférait rester seul car il n'aimait que lui-même. On a retenu de cette légende que le jeune homme s'aimait un peu trop. Il est dommage de vivre entièrement coupé des autres mais l'amour de soi n'est pas une mauvaise chose. Il est, en effet, important de s'aimer pour avoir une image positive de soi. Cela n'a rien à voir avec le fait d'être égoïste. Il faut un minimum d'ego (amour de soi) et de confiance en soi pour avancer dans ses projets. Cette confiance nous est, en partie, donnée par le regard de l'autre.

1 Vous avez du mal à parler de vous ? Lisez la légende de Narcisse puis réfléchissez à l'intérêt de s'aimer un peu.

p. 76-79, **Apprendre à dire qui je suis**

2 Quel est le plus beau compliment qu'on ait fait sur vous ?

3 Quelle est la chose que vous aimez le plus en vous ? le moins ? Sur quels aspects aimeriez-vous évoluer ?

4 Que vous inspire cette citation du célèbre auteur-compositeur et interprète des Beatles ?

« Quand je suis allé à l'école, ils m'ont demandé ce que je voulais être quand je serai grand. J'ai répondu : heureux. Ils m'ont dit que je n'avais pas compris la question. J'ai répondu qu'ils n'avaient pas compris la vie. » (John Lennon)

POSANT DES QUESTIONS

Il existe différents tests d'orientation. Les tests dits « psychotechniques » sont des tests longs conçus par des psychologues et des experts. Après avoir répondu à toute une série de questions en « mode fermé » – vous répondez oui ou non ou cochez des réponses –, vous découvrez votre « profil de personnalité et vos compétences clefs ». D'autres tests, plus courts, se présentent sous forme de questionnaires. Ils permettent de vous « auto-évaluer » en vous projetant dans des domaines professionnels et en lien avec vos centres d'intérêt.

Rédigez autant d'objectifs que vous le souhaitez, en veillant à ce qu'il soit réalisable à court terme et accessible pour vous. Reportez vos actions dans l'agenda de votre cahier p. 8-9

Partir de questions pour aboutir à des actions

Lorsqu'on construit un projet d'orientation, on doit pouvoir se poser des questions et essayer d'y répondre, même partiellement. Il faut ensuite construire et mettre en œuvre un plan d'actions pour que les bonnes intentions ne restent pas lettre morte. Si vous avez décidé de devenir ingénieur.e et de construire la voiture non polluante de demain, ou si votre rêve consiste à créer votre entreprise, qu'allez-vous faire pour atteindre cet objectif ? Votre projet est-il réaliste et, si oui, comment allez-vous l'atteindre ? Votre feuille de route représentera alors l'ensemble des actions que vous déroulerez, pour atteindre, étape par étape, les objectifs que vous vous êtes fixés.

1 Le site de la région Ile-de-France a élaboré un questionnaire d'auto-évaluation, accessible à tous les lycéen.ne.s.

Site web
Questionnaire
hatier-clic.fr/ori048

Ce questionnaire vous aide à faire le point sur vos expériences et vos qualités personnelles. Qu'avez-vous retenu sur vous ? Recopiez vos réponses.

- Mes principaux centres d'intérêt : ……………………………………………
- Mes savoir-être sont : ……………………………………………
- Mes savoir-faire : ……………………………………………
- Mes valeurs : ……………………………………………
- Les métiers qui m'intéressent sont : ……………………………………………

2 En vous appuyant sur les réponses de la dernière partie du questionnaire (« Ma feuille de route »), précisez les actions et décisions que vous avez prises pour atteindre votre objectif d'orientation. Réfléchissez-y en termes d'études et prenez des décisions dans chaque matière. Renouvelez votre feuille de route à chaque trimestre.

- **Mon objectif numéro 1** ……………………………………………
  Ce que je vais commencer par faire ……………………………………………
- **Mon objectif numéro 2** ……………………………………………
  Ce que je vais faire pour atteindre cet objectif ……………………………………………
- **Mon objectif numéro 3** ……………………………………………
  Je vais commencer par ……………………………………………
- **Mon objectif numéro 4, 5** ……………………………………………

FICHE COMPÉTENCE 3 J'apprends à me

→ Je trie et partage l'information

S'orienter demande d'avoir suffisamment d'informations pour faire ses choix d'orientation le moment venu. Où allez chercher l'information ? Comment la trier ?

Voici quelques outils et ressources à votre disposition sur Internet.

1 Visitez les sites, puis complétez le tableau. Quels types d'informations y avez-vous trouvés ?

Doc+
Les sites incontournables
hatier-clic.fr/ori049

	L'ONISEP	L'Étudiant	Le CIDJ	Les Compagnon du Tour de Franc
Infos métiers				
Infos études				
Échanges avec des étudiants				
Infos écoles				
Infos emplois				
Ce qui manque				

repérer sur LES SITES D'ORIENTATION

❷ Présentez le site qui vous a le plus aidé ou inspiré à une personne de votre choix. 

❸ Regroupez-vous par groupe de 3 ou 4 élèves et présentez l'ensemble des sites d'orientation à votre groupe ou votre classe. Mettez en avant les ressources qui vous ont le plus aidées. Quelles sont les informations que vous n'avez pas trouvées ?

Une ressource à votre portée : le portail du CDI de votre lycée

Une petite visite sur le site de votre CDI vous donnera la liste des sites d'orientation incontournables, sélectionnés par le ou la professeur.e documentaliste de votre lycée.

Campus Channel	Inspire	Pixis	Le site d'orientation de votre région

J'apprends à me repérer sur LES SITES D'ORIENTATION

→ Je comprends le fonctionnement d'un site

La fonction première d'un site d'orientation est de classer un grand nombre d'informations pour permettre d'y accéder plus facilement. Cette « data », comme on l'appelle aujourd'hui dans la culture numérique, peut être traitée de manière très différente, d'un site à l'autre. Apprenez à les repérer !

Vous êtes en Seconde ou en Première

1 Qu'est-ce qu'un moteur de recherche ? Comment fonctionne-t-il ? Utilisez un des sites du tableau p. 82-83.

2 Cochez les mots de recherche les plus utilisés par les sites d'orientation. Ensuite, mettez des noms de site en face de chaque critère.

- ❑ Les noms de matières (français, économie, etc.) :
- ❑ Les catégories d'études (licence, DUT, apprentissage, etc.) :
- ❑ Les centres d'intérêts :
- ❑ Les critères géographiques (ville, région) :
- ❑ Autre critère de recherche :

3 Qu'est-ce qu'un filtre ? À quoi sert-il ?

4 Créez un profil sur le site de l'association Inspire ou sur le site de Pixis. Quelle différence ressentez-vous lorsque vous démarrez votre recherche par des questions personnelles ? Êtes-vous plus à l'aise pour continuer votre investigation ?

Site web
Inspire
hatier-clic.fr/ori050

Site web
Pixis
hatier-clic.fr/ori051

5 Rapprochez cette expérience des mots-clés que vous avez créés vous-mêmes Exercice 3, p. 41.

Mes mots-clés personnels	Les mots utilisés par les sites

Notre conseil

Utilisez ces mots-clés dans vos recherches, en les traduisant si nécessaire, pour qu'ils soient pris en compte par les moteurs de recherche.

Vous avez créé votre profil sur la plateforme Parcoursup, en entrant votre code INE (Identifiant National d'Étudiant unique). Pour entrer vos choix de formation, vous avez le choix entre une recherche par catégorie ou une recherche par cartographie interactive.

Vous êtes en Terminale

1 Avec quel outil de recherche vous sentez-vous le plus à l'aise ? Pourquoi ? Expliquez les avantages de chaque type de recherche.

Site web
Parcoursup
hatier-clic.fr/ori052

....

....

....

....

....

....

....

....

....

....

2 Avez-vous repéré les dates des portes ouvertes des écoles et formations qui vous intéressent ? Notez-les dans l'agenda p. 8-9.

3 Vous avez pris connaissance du contenu des formations qui vous intéressent. Qu'attend-on de vous ? Listez les attentes pour chaque formation.

Je dois motiver mon vœu en m'appuyant sur :

- ❑ mes notes
- ❑ mes expériences (extra scolaires)
- ❑ ma motivation
- ❑ mon projet professionnel
- ❑ le nombre de place limité ou non
- ❑ mes choix de formation (j'en ai demandé au moins 6)
- ❑ autre demande (à préciser) ....

....

....

....

Pour aller plus loin Chap. 4, p. 64-65.

L'intelligence artificielle au service de l'orientation

On en est encore au stade de la recherche, mais la révolution est en route. Les premiers chatbot (robot avec qui vous pouvez dialoguer autour de questions simples) ont vu le jour. Des développeurs et des experts en ingénierie pédagogique inventent des outils pour répondre au plus près de vos besoins en intégrant vos mots de recherche. Human Roads, par exemple, cartographie les parcours des étudiant.e.s et des professionnel.le.s pour les aider à s'orienter.

FICHE COMPÉTENCE 4 J'organise ma visite

Dès la rentrée scolaire, et plus généralement de novembre à février, des salons d'orientation sont organisés pour vous permettre de rencontrer en direct les écoles de l'enseignement supérieur. Certains salons sont généralistes et proposent tous types de formation : publique, privée, initiale, en alternance ou en continu. D'autres salons sont thématiques : formations artistiques, métiers du sport, informatique, carrières commerciales, restauration et hôtellerie, etc. Voici quelques conseils pour bien organiser votre visite et ne pas risquer de vous perdre une fois sur place.

Conseil n° 1 **Téléchargez votre invitation.** C'est gratuit et ça vous évitera de faire la queue à l'entrée.

Conseil n° 2 Repérez sur le plan du site, ou à l'entrée du salon, **les écoles et universités qui vous intéressent**. Sélectionnez à l'avance 3 ou 4 stands et/ou évènements. Sans préparation et choix préalable, vous risquez de vous décourager. Les salons sont très grands et il y a beaucoup d'écoles représentées !

Conseil n° 3 Repérez sur le site les **conférences organisées pendant le salon**. Celles-ci durent en général 45 minutes. Elles sont animées par des experts et responsables de formations et proposent des thèmes généraux (réussir en BTS, découvrir les études de droit et leurs débouchés...). Vous récolterez ainsi beaucoup d'informations en un temps record ! Une astuce : regardez les conférences des années précédentes en streaming.

Conseil n° 4 Sur tous les salons, il est possible de **rencontrer des PsyEN et des conseillers de l'Onisep**. Inutile de prendre rendez-vous, mais plus vous viendrez tôt, moins votre temps d'attente sera long. Si vous avez trouvé les réponses à vos questions, un seul salon fera l'affaire ! Si vous hésitez encore, allez sur un second salon. Les projets se construisent petit à petit, en échangeant et en rencontrant plusieurs personnes qui vont vous aider à le mûrir.

sur un SALON D'ORIENTATION

Conseil n° 5 Vous n'avez pas pu trouver toutes les informations que vous cherchiez ? Rendez-vous aux **portes ouvertes des écoles et des universités**. Rien de mieux pour vous motiver et vous faire une idée concrète, que de découvrir le lieu et d'y rencontrer les professeurs et les étudiant.e.s. Certaines écoles et universités proposent aussi des journées d'immersion : consultez leur site ou Parcoursup pour connaître les dates.

Conseil n° 6 Que faire après ma visite ?

Vous n'avez pas pu prendre des notes durant vos échanges sur le salon ? Prenez le temps, une fois chez vous, de **mettre par écrit les conseils et informations que vous avez entendus**. Les informations que vous aurez obtenues, de la bouche des étudiant.e.s et des responsables de formation, deviendront les arguments clefs de votre lettre de motivation ou vos entretiens oraux d'entrée d'école.

Observez ce « menu déroulant » du salon Postbac (Paris, janvier 2019). Quels intitulés attirent votre curiosité ?

....

....

....

....

....

5 bonnes raisons d'aller sur un salon d'orientation

❶ Je vais à la rencontre de centaines d'écoles et de formations.
❷ J'y rencontre des élèves très sympathiques dont la mission est de m'informer au mieux sur la manière d'y entrer, les avantages de la formation et sur les cours à suivre.
❸ J'obtiens des informations sur l'école ou la formation en direct, c'est plus agréable que de lire la fiche descriptive sur un site ou sur une plaquette !
❹ Je vais pouvoir écrire dans ma lettre de motivation que je me suis renseigné.e sur l'école en discutant avec des élèves pour laquelle je souhaite postuler.
❺ J'ai les bons arguments pour postuler à la formation qui m'intéresse grâce à mes rencontres sur le salon. Cela me facilite le travail !

FICHE COMPÉTENCE 5 J'apprends à

→ J'interroge un.e professionnel.le...

Tout au long de votre parcours d'orientation, vous allez rencontrer des étudiant.e.s et des professionnel.le.s (invitation en classe ou au lycée, sur un salon ou sur un lieu de travail lors de votre stage, lors d'une interview métier). Les questions que vous poserez ne seront pas les mêmes suivant les personnes que vous aurez en face de vous. Un bon journaliste prépare toujours ses questions avant une interview, pour ne pas perdre de vue les informations qu'il cherche. Apprenez, vous aussi, à poser les bonnes questions et à ne pas passer à côté des informations dont vous avez besoin pour vous orienter et faire de bons choix.

La règle des 5 W[1]

Connaissez-vous les 5 questions que tout bon journaliste doit savoir poser pour faire le tour de son sujet ? Ça marche aussi pour l'orientation ! Ces 5 questions vont vous permettre de recueillir toutes les informations dont vous avez besoin pour en savoir plus sur un métier.

Who (Qui)
What (Quoi)
Where (Où)
When (Quand, comment)
Why (Pourquoi)

1. En français, la méthode s'appelle QQOCP.

1 Inspirez-vous de la règle des 5 W pour poser vos questions à un.e professionnel.le.

- Votre question 1 (Qui ?) : ....
- Votre question 2 (Quoi ?) : ....
- Votre question 3 (Où ?) : ....
- Votre question 4 (Quand et comment ?) ....
- Votre question 5 (Pourquoi ?) ....

Doc+
Exemples
hatier-clic.fr/ori053

L'art de poser des questions

Questionner est un art, dit-on. Vous pouvez rédiger des questions-types mais aussi poser des questions avec vos propres mots, pour donner plus de relief et personnaliser votre interview. Un conseil : rédigez vos questions à l'avance. Vous vous sentirez plus à l'aise le jour de votre rencontre.

POSER DES QUESTIONS

2 Vous allez bientôt rencontrer un.e professionnel.le ? Construisez un questionnaire à plusieurs : rassemblez les questions que vous avez choisies (question 1). Rédigez ensuite avec votre classe le questionnaire parfait, en vous aidant du tableau ci-contre.

1. Intitulé et mission du métier	
2. Enjeux	
3. Actions	
4. Parcours	
5. Formations	
6. Compétences/difficultés	
7. Environnement	
8. Motivations/gains	
9. Bon à savoir	
10. Conseils	

Prêts à inviter des professionnel.le.s dans votre classe ?

Faites vous-mêmes des propositions à votre professeur.e principal.e ! Rendez-vous sur le site *JobIrl* ou contactez l'association « 100 000 entrepreneurs ». Vous trouverez des milliers de professionnel.le.s prêt.e.s à répondre à toutes vos questions !

3 Quelles sont les questions posées par la journaliste à la chercheuse Marie-Noëlle ? Amusez-vous à retrouver derrière chaque réponse, les questions posées.

Flash cards
Interview inversée 1
hatier-clic.fr/ori054

Flash cards
Interview inversée 2
hatier-clic.fr/ori055

Portrait d'un métier

1. Intitulé du métier

Réponse : Marie-Noëlle, chercheuse océanographe.

→ *Votre question :* ....

2. Définition/mission du métier

Réponse : Marie-Noëlle travaille dans un laboratoire associé au CNRS (Centre National de la recherche scientifique). L'enjeu de ses recherches est de comprendre comment l'océan Arctique fonctionne et en quoi la fonte de la banquise influence le climat de la planète.

→ *Votre question :* ....

3. Enjeux/défis

Si l'équilibre de l'océan Arctique est bouleversé, cela peut avoir des répercussions sur la planète toute entière. J'étudie cet océan avec une cinquantaine d'autres chercheurs, au cours de mission dans l'océan Arctique et en laboratoire. (…).

→ *Votre question :* ....

>>>

4. Actions (1)

Pour collecter des observations, nous embarquons depuis la Norvège ou le Canada, sur des navires spécialement équipés (...). Au retour de mes campagnes d'observations, j'analyse dans mon laboratoire toutes les données enregistrées. Là, devant mon écran d'ordinateur, j'essaie de reproduire les phénomènes observés, en m'aidant de modèles mathématiques. On appelle cela faire de la « modélisation ».

➜ *Votre question :* ....

5. L'environnement/avec qui vous travaillez

Même si les campagnes nécessitent un travail d'équipe entre chercheurs, ingénieurs et marins, je décide souvent seule de l'orientation de mes recherches et de leur mise en œuvre. Par contre, je partage beaucoup en discutant de mes résultats avec des collèges de mon laboratoire, mais aussi avec des scientifiques du monde entier qui font des recherches dans le même domaine.

➜ *Votre question :* ....

6. Actions (2)

Faire de la recherche nécessite des aller-retour incessants entre la collecte d'observations sur le terrain et leur interprétation à partir de théories physiques. Les observations lors des campagnes en mer nous permettent de décrire avec précision le mécanisme de phénomènes complexes sur les courants et l'influence du climat dans ces régions polaires.

➜ *Votre question :* ....

7. Missions/Actions (2)

Recherche et enseignement sont souvent liés : un chercheur peut encadrer le travail de recherche d'étudiants. Il doit publier le résultat de ses recherches et participer à des conférences entre chercheurs du monde entier.

➜ *Votre question :* ....

8. Compétences/Difficultés

C'est un métier difficile, car les problèmes à résoudre sont souvent complexes. Mais ce qui m'enthousiasme, c'est qu'on n'a jamais fini de chercher !

➜ *Votre question :* ....

9. Motivation/Choix

J'ai vécu toute mon enfance à Saint-Malo, au bord de la mer. Le goût pour l'aventure me vient peut-être de là. À l'école, j'aimais l'histoire, la géologie et la physique. J'ai grandi dans une famille de non-scientifiques, ce qui ne m'a pas empêchée de le devenir.

➜ *Votre question :* ....

10. Parcours/Études

Après un Bac scientifique, j'ai suivi des études de physique avant de me spécialiser en océanographie. Étudiante, je suis partie en Islande, en Laponie et dans le Labrador car j'ai toujours aimé les natures froides et hostiles. L'Arctique me fascine car c'est une terre quasi vierge.

➜ *Votre question :* ....

Interview extrait du guide *Des métiers, mon métier*, éditions Nathan, 2012.

→ J'échange avec des étudiant.e.s

Où et comment rencontrer des étudiant.e.s ? Quoi de plus facile aujourd'hui : sur des salons où chaque école et formation envoie des étudiant.e.s ambassadeurs pour répondre aux questions des lycéen.ne.s. La plupart des lycées invitent également leurs anciens élèves pour présenter leurs filières d'études. Il existe aussi des sites dédiés, comme celui de l'association Inspire, qui permet aux lycéen.ne.s de contacter les étudiant.e.s des filières qui les intéressent.

Rencontrer ou échanger par tchat avec des étudiant.e.s

L'association Inspire a créé un outil d'échange en ligne très pratique. Il vous suffit de créer un profil lycéen en répondant aux 10 questions posées, de choisir les filières ou formations qui vous intéressent pour obtenir une liste précise d'étudiant.es prêt.es à répondre par tchat à vos questions. Ils vous aideront à ne pas vous auto-censurer et à choisir des études à votre portée.

Site web
Inspire
hatier-clic.fr/ori056

Avant de rencontrer un.e étudiant.e d'une filière ou d'une école qui vous intéresse, préparez vos questions selon les 10 catégories suivantes.

Doc+
10 bonnes raisons de rencontrer un.e étudiant.e
hatier-clic.fr/ori057

1. Organisation des études/niveau de diplôme obtenu ....
2. Contenu des études (cours, stages...) ....
3. Professeur.e.s ....
4. Évaluation ....
5. Coût/Logistique (lieu de l'école) ....
6. En savoir plus sur la formation ....
7. Organisation de la vie étudiante ....
8. Ambiance ....
9. Statistiques (taux d'admission à l'entrée) ....
10. Conseils ....

FICHE COMPÉTENCE 6 J'apprends à

Voici des proverbes africains : « Seul on va plus vite. À plusieurs on va plus loin. » ; « Si les fourmis se rassemblent, elles peuvent soulever un éléphant. » Ces paroles résument très bien la façon dont nous vivons tous reliés les uns aux autres ! C'est ce qui fait la richesse d'une action collective. Ce précepte s'applique aussi à l'orientation : agissez ensemble, rassemblez vos forces et talents respectifs puis mettez-les au service de l'orientation pour tous !

Comment former une intelligence collective ?

1. Chaque personne possède un talent particulier.
2. Aucune personne ne possède tous les talents à elle seule.
3. Faire les choses seules, c'est possible, mais on est meilleur à plusieurs !

Et vous, quels talents ou intelligences mettez-vous au service des autres ?

Chap. 5, p. 88-91

→ Je choisis ma place dans le groupe

Observez ces 10 photos. Choisissez celle qui se rapproche le plus de ce que vous êtes ou ressentez. Présentez-la à votre groupe ou classe, en expliquant pourquoi vous l'avez choisie et en quoi elle dit quelque chose que vous portez en vous.

1

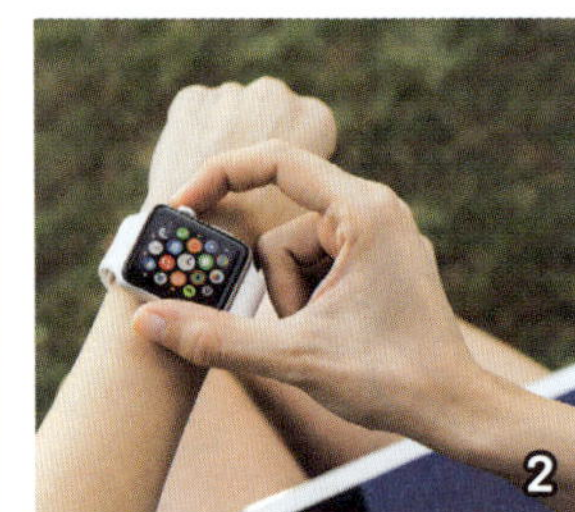
2

3

4

5

6

7

8

9

10

TRAVAILLER EN GROUPE

→ J'expérimente le travail d'équipe

Comment apprendre à travailler en équipe ? Vous en avez probablement déjà fait l'expérience, ce n'est pas si simple. Mais cela s'apprend… en faisant ! L'intelligence collective, appelée également « qualité relationnelle » ou « aptitude à communiquer ses idées », est devenue une des compétences clefs demandées par les entreprises aujourd'hui.

Un orchestre sans chef d'orchestre

Voici une expérience qui intéresse beaucoup les grandes entreprises françaises. Il s'agit de l'expérience d'un orchestre sans chef d'orchestre, baptisé « Les Dissonances ».
Des musiciens de haut vol, venus des quatre coins de la planète, se réunissent une fois par mois pour jouer ensemble et former un orchestre symphonique. Le principe : s'écouter les uns et les autres pour harmoniser leurs partitions, sans l'aide d'un chef d'orchestre pour les diriger.

1 Réunissez-vous par petits groupes ou utilisez l'espace de discussion de la classe pour débattre autour de la question : A-t-on toujours besoin d'un chef ou d'une cheffe pour travailler en équipe ?

2 S'écouter l'un l'autre, sans s'interrompre, cela n'a rien d'évident. Renouvelez l'exercice Compétence 1, p. 76-79 pour vous entraîner à acquérir cette compétence clef : l'écoute de l'autre !

3 Partagez vos expériences entre pairs. Divisez la classe en groupes de 5 à 10 élèves. Chaque personne, à l'intérieur du groupe, va expliquer aux autres une compétence ou activité sportive, artistique ou culturelle, qu'elle aime pratiquer. Adressez-vous aux autres comme si vous vouliez les initier à cette pratique. Cela peut être de la danse, du judo, du théâtre, de la course, du dessin, etc.

Répondre ensemble à des défis

L'entreprise *Start up For kids* organise régulièrement à travers toute la France des hackatons réunissant des centaines de jeunes, de 6 à 18 ans. Au programme, une journée pour construire un projet : se déplacer en ville dans le futur, construire une usine en 2050, mieux se nourrir…

FICHE COMPÉTENCE 7

ENTREPRENDRE QUAND ON EST LYCÉEN.NE, cela représente quoi pour vous ?

Durant vos études supérieures, on vous demandera d'être autonome dans votre travail, et de vous engager dans des projets collectifs.

KANGAE : entreprendre, de l'idée à l'action

Vous avez une idée et ne savez pas comment la mettre en pratique ? L'Éducation nationale a pensé à vous : elle a réuni sur la plate-forme KANGAE tous les conseils pour vous accompagner dans votre projet ! Si votre projet est déjà bien avancé, vous pouvez aussi postuler pour remporter le grand prix MOOVJEE !

www.kangae.fr

Cochez les initiatives que vous prenez déjà, en ajoutant d'autres idées (et que vous allez réaliser).

Doc+
Avez-vous le profil d'un.e entrepreneur.e ?
hatier-clic.fr/ori058

1 Au lycée

- ❑ Je participe (à l'oral) à l'animation des cours.
- ❑ Je travaille de façon autonome et pour moi-même.
- ❑ Je prends part aux projets collectifs au sein de la classe ou du lycée.

Une autre idée ? ....

2 Après les cours

- ❑ Je m'engage dans une activité culturelle, sportive ou associative.
- ❑ Je pars à la découverte d'une expo, d'un salon, d'un spectacle.
- ❑ J'organise des actions pour mon projet d'orientation.

....

3 Avec des amis

- ❑ J'organise une fête avec des amis.
- ❑ Je prépare un week-end de sorties ou un voyage, seul.e ou à plusieurs.
- ❑ J'aide spontanément un ou une amie qui en a besoin.

....

4 À la maison et en famille

- ❑ Je prends des initiatives et je surprends mes parents !
- ❑ Je prends soin de mes frères et sœurs ou d'une personne de ma famille.
- ❑ Je décide de trouver un job pour me faire un peu d'argent de poche.

....

5 Au-delà du lycée, dans ma vie étudiante

- ❑ Je participerai à la vie associative de mon école future ou de mon université.
- ❑ Je m'engagerai dans un projet d'intérêt général, comme le service civique.
- ❑ Je monterai un projet en tant qu'étudiant.e entrepreneur.e.

Qu'avez-vous envie d'entreprendre plus tard ? ....

Ma boîte à citations
pour accompagner mon parcours d'orientation

Voici une liste de citations par mots-clés pour mieux vous y retrouver et faire le lien avec votre orientation. Complétez cette liste avec vos citations préférées.

Choisir
(comprendre comment fonctionne l'orientation)

1. **Le premier pas pour avoir ce que vous voulez, c'est d'avoir le courage de quitter ce que vous ne voulez plus.** — *Anonyme.*
2. **Il n'est pas de vent favorable pour celui qui ne sait où il va.** — *Sénèque, philosophe et homme d'État romain du Ier siècle apr. J.-C.*
3. **Dans la vie, on ne maîtrise pas grand-chose. Alors autant pratiquer à fond ce qui nous fait du bien.** — *Alexandre Jollien, philosophe et écrivain suisse contemporain*
4. **La principale raison pour laquelle les hommes n'ont pas ce qu'ils veulent, c'est parce qu'ils ne savent pas ce qu'ils veulent.** — *T. Harv Eker, conférencier et homme d'affaires anglais contemporain*

Apprendre à se connaître

5. **Soyez vous-même, les autres sont déjà pris.** — *Oscar Wilde, auteur et critique irlandais de la fin du XIXe siècle*
6. **Connaître les autres, c'est sagesse.
Se connaître soi-même, c'est sagesse supérieure.
Imposer sa volonté aux autres, c'est force. L'imposer à soi-même, c'est force supérieure.** — *Lao-Tseu, philosophe chinois, v. 570-490 av. J.-C.*
7. **On trouve quelquefois, à force de chercher, ce qu'on ne trouve pas d'abord.** — *Jean-Baptiste Poquelin dit Molière, comédien et dramaturge français du XVIIe siècle*
8. **L'homme est un arbre inversé. Sa racine est au ciel.** — *Platon, philosophe antique*

Parcours/Réussite/Échec

9. **Le plus grand obstacle à la réussite est l'auto-censure.** — *Thomas Pesquet, astrophysicien français contemporain*
10. **Le succès n'est pas la clef du bonheur. Le bonheur est la clef du succès. Si vous aimez ce que vous faites, vous réussirez.** — *Albert Schweitzer, médecin, philosophe et musicien français du XXe siècle*
11. **Tout est possible à qui rêve, ose, travaille et n'abandonne jamais.** — *Xavier Dolan, réalisateur et producteur québécois.*
12. **J'ai un ami qui a réussi tous ses examens. Moi je les ai ratés tous. Lui est ingénieur chez Microsoft. Moi je suis fondateur.** — *Bill Gates, entrepreneur américain contemporain, fondateur de Microsoft*
13. **Être l'homme le plus riche du cimetière n'a pas d'importance pour moi. Aller au lit le soir en disant que nous avons fait quelque chose de merveilleux, c'est ce qui compte pour moi.** — *Steve Jobs, entrepreneur et inventeur américain, PDG d'Apple (mort en 2011)*
14. **La seule limite à la hauteur de vos réalisations est la portée de vos rêves et votre volonté de travailler dur pour les réaliser.** — *Michelle Obama, femme politique américaine contemporaine*

Ma boîte à citations

pour accompagner mon parcours d'orientation

Rêves/Inspiration/Créativité

15. **Croyez en vos rêves, ils se réaliseront peut-être. Croyez en vous, ils se réaliseront sûrement.** — *Martin Luther King, militant noir américain (assassiné en 1968)*

16. **Pour réaliser de grandes choses, il faut d'abord rêver.** — *Coco Chanel, artiste et couturière française (1883-1971)*

17. **Soyez le changement que vous voulez voir dans le monde.** — *Gandhi, dirigeant politique et guide spirituel de l'Inde (assassiné en 1948)*

18. **Je suis persuadée que les rêves d'aujourd'hui seront les réalités de demain.** — *Malala Yousafzai, femme politique contemporaine*

Oser/Expérimenter/Résister, avoir confiance en soi

19. **La vie n'est facile pour aucun de nous. Mais quoi, il faut avoir de la persévérance, et surtout de la confiance en soi. Il faut croire que l'on est doué pour quelque chose, et que cette chose il faut l'atteindre coûte que coûte.** — *Marie Curie, physicienne et scientifique (1867-1934)*

20. **Dans un monde qui change extrêmement vite, le plus gros risque serait de n'en prendre aucun.** — *Marc Zuckerberg, informaticien et chef d'entreprise américain, co-fondateur de Facebook*

21. **Quand tout semble être contre vous, souvenez-vous que l'avion décolle face au vent, et non avec lui.** — *Henri Ford, Industriel américain (première moitié du XXe siècle)*

Travail/Motivation/ Avec les autres

22. **Choisissez un travail que vous aimez et vous n'aurez pas à travailler un seul jour de votre vie.** — *Confucius, philosophe chinois, Ve siècle av. J.-C.*

23. **Seul on va plus vite. À plusieurs on va plus loin.** — *Proverbe africain*

24. **Si votre quotidien vous paraît pauvre, ne l'accusez pas. Accusez-vous vous-même de ne pas être assez poète pour appeler à vous ses richesses. Pour le créateur, rien n'est pauvre.** — *Rainer Maria Rilke, poète et écrivain autrichien du début du XXe siècle*

25. **Libérez-vous des croyances et des dogmes du passé, devenez votre propre maître. Soyez déraisonnables ! Avec l'amour et la fantaisie, on peut changer le monde.** — *Pierre Rabhi, agriculteur, conférencier et écologiste français contemporain*

Achevé d'imprimer en Espagne par Macrolibros
Dépôt légal : 05810-1/04 - Août 2020